AF461269

IIIe ANNÉE L'ART et le BEAU N° 5

LES·GRANDS·MAÎTRES ANGLAIS

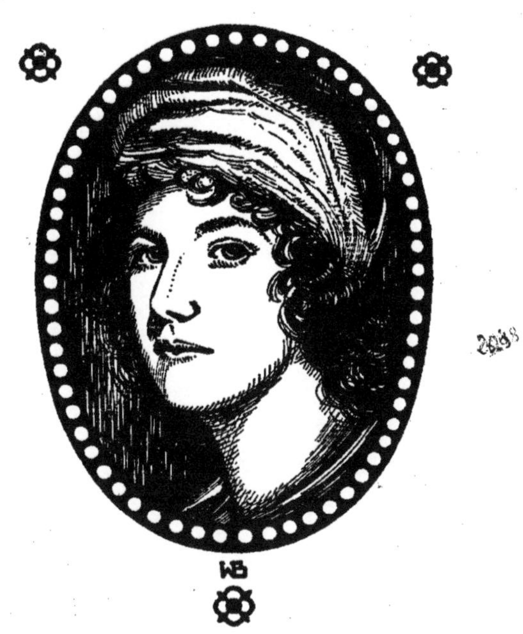

LIBRAIRIE·ARTISTIQUE & LITTÉRAIRE·65 RUE·DU·BAC·PARIS ~ PRIX·NET·6 FRANCS

L'ART ET LE BEAU

TROISIÈME ANNÉE

VOL. V : VIEUX MAÎTRES ANGLAIS

L'ART ET LE BEAU

Programme de la troisième année:

E. M. DEGAS. Texte de Georges Grappe
LOVIS CORINTH. Texte de Rudolf Klein
WILLIAM HOGARTH. Texte de Edward Hutton
EUGÈNE DELACROIX. Texte de Camille Mauclair
VIEUX MAÎTRES ANGLAIS. Texte de Fritz Stahl
FRITZ BÖHLE. Texte de Rudolf Klein

Les numéros de l'Art et le Beau seront livrés sous carton à la cuve au prix de 6 frc., sous toile au prix de 8 frc.

Par abonnement à 3 numéros

le prix sera réduit à 5,50 et à 7,50 frc. le numéro

Par abonnement à 6 numéros

le prix sera réduit à 5,00 et à 7,00 frc. le numéro

Il sera imprimé, en outre, 100 exemplaires de chaque numéro au prix de 25 frc.; le texte sur papier à la cuve, les dessins sur papier de grand luxe, le toute relié en vrai parchemin

VIEUX MAÎTRES ANGLAIS

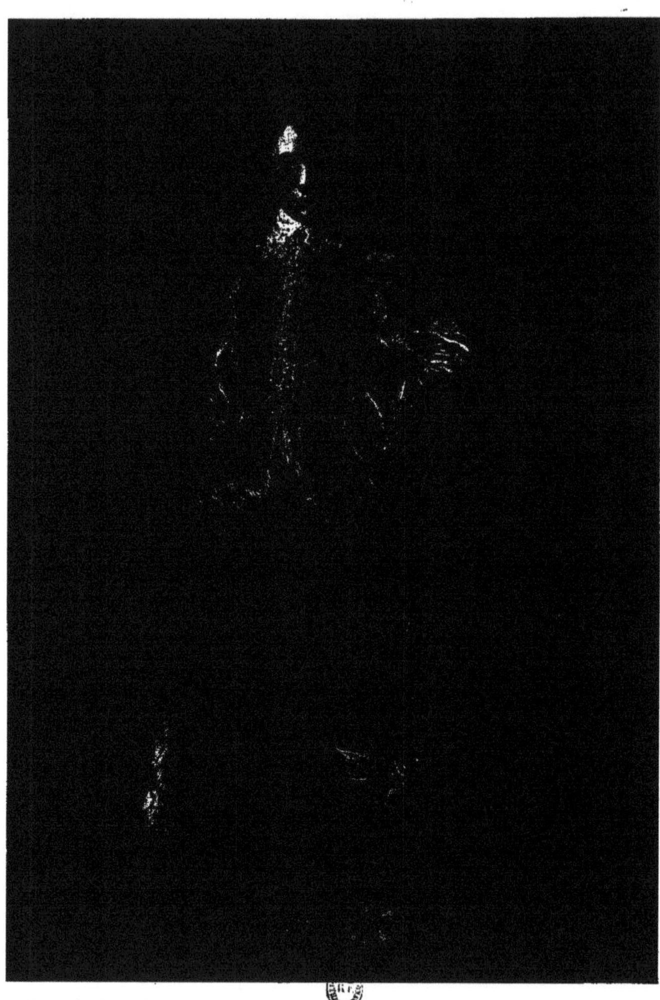

Thomas Gainsborough

Master Jonathan Buttal (The blue boy)

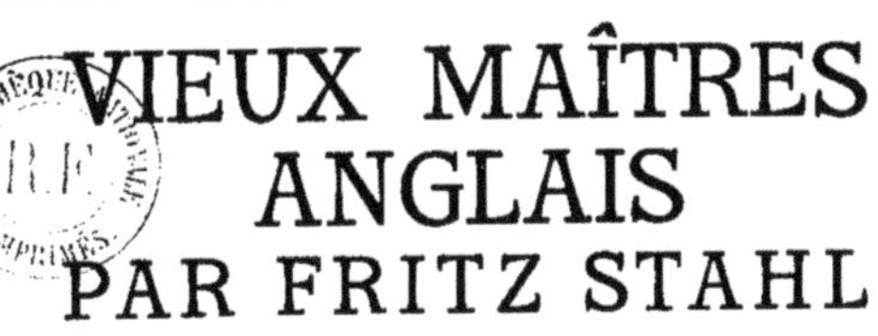

VIEUX MAÎTRES ANGLAIS

PAR FRITZ STAHL

DEUX PLANCHES EN QUATRE COULEURS, 42 DESSINS SUR PAPIER MAT DE GRAND LUXE, 5 ILLUSTRATIONS TEINTÉES ET 2 GRAVURES

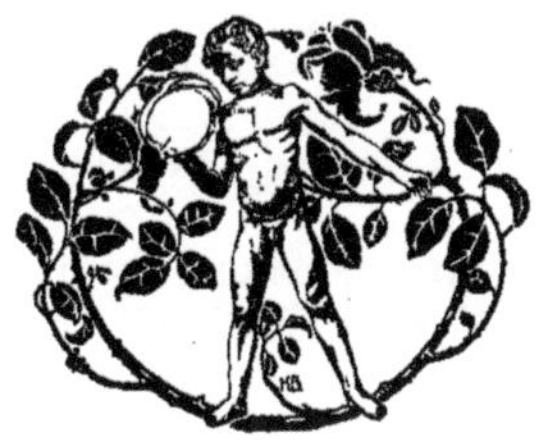

LIBRAIRIE ARTISTIQUE ET LITTÉRAIRE
65, RUE DU BAC, PARIS

LA COUVERTURE DE CET OUVRAGE EST DE WILLY BELLING; LA MARQUE DES ÉDITEURS, EN FRONTISPICE, DE HANS BASTANIER. LES DEUX CENTS PREMIERS EXEMPLAIRES SONT IMPRIMÉS SUR PAPIER À LA CUVE, LES ILLUSTRATIONS, SUR PAPIER MAT DE GRAND LUXE. CES EXEMPLAIRES SONT RELIÉS EN VRAI PARCHEMIN ET REVÊTUS DE LA SIGNATURE AUTOGRAPHE DE L'ARTISTE

IMPRIMERIE DE LA LIBRAIRIE ARTISTIQUE ET LITTÉRAIRE, PARIS

L'IMPRIMEUR-GÉRANT: G. COUSTAL

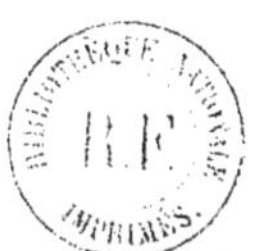

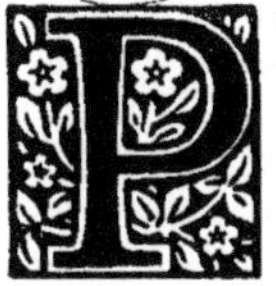

Pour suivre le développement de l'Art, il ne suffit pas de passer d'un siècle à l'autre, il faut encore se donner la peine de parcourir tous les pays. Car chaque peuple a été tour à tour le dépositaire de l'Art, de même qu'à la fête bien connue de la Rome antique ce n'était pas le même coureur qui transportait le feu sacré de son foyer au but lointain. Ils étaient plusieurs qui se partageaient la tâche, postés à différents relais, où chacun d'eux, aux forces intactes, allumait une torche nouvelle à la torche presque consumée qu'apportait son compagnon épuisé.

Sans doute, en tout temps, chaque nation civilisée a eu son art. Mais en tout temps aussi il n'y en a eu qu'une seule qui ait créé l'Art de l'époque, l'Art nouveau, qui est le seul en somme qui intéresse, l'histoire universelle. Chaque peuple est limité dans son expansion artistique, dans sa force créatrice. Une fois qu'il a donné ce qu'il y avait de vivant en lui, il cède la place à un autre dont c'est le privilège de voir de nouvelles possibilités et qui s'est réservé des forces pour les réaliser. Puis, les autres peuples suivent, évidemment parceque ce Nouveau qu'on leur apporte répond à un ardent désir, parcequ'il se trouve sur la ligne de développement général qui met en mystérieuse communication l'Humanité de toute une époque. On pourrait encore s'exprimer ainsi: Le désir d'une époque est un sentiment international, mais il n'y a jamais qu'une nation prédestinée à sa réalisation.

Au XVIII siècle c'est l'Angleterre qui fut la nation prédestinée. On se trouvait alors à un important tournant de l'histoire du monde. Il ne s'agissait plus d'une simple évolution, telle que la réclame presque chaque génération, mais une nouvelle Humanité, le monde moderne allait naître, et toutes les formes de la vie et de l'Art devaient être soumises à une foncière rénovation. La culture du Continent, à la tête de laquelle se trouvait la France, était riche et brillante, mais stérile; c'était un aboutissement, et ce que réclamait l'avenir, l'Angleterre seule pouvait le donner alors.

Quelles sont les particularités qui à ce moment critique de l'Histoire qualifièrent les Anglais pour devenir les dépositaires de l'Art? comment se fit-il que ce fussent eux, et eux seuls, qui possédèrent les qualités nécessaires? Voilà ce qu'il faut examiner si l'on veut bien saisir l'essence et la valeur de leur Art.

La France était une monarchie absolue; en dehors du Roi il n'existait ni droit, ni puissance. La cour était le centre de la vie politique de toute la nation; nécessairement elle devait être aussi le centre des manifestations de la culture. Elle attirait en un point unique la noblesse qu'elle arrachait ainsi à ses terres, et créait de cette façon une société qui s'éloignait chaque jour davantage de la nature et de la vie du reste des humains. De génération en génération cette société s'affinait, mais sa faiblesse augmentait avec sa culture. Ce développement trouva son point culminant dans le Rococo. La taille lacée, la chevelure artistiquement poudrée, les pieds emprisonnés dans des chaussures à talons exagérés; comment, gênées qu'elles étaient par ce triple obstacle, des créatures humaines auraient-elles pu se mouvoir librement? Le maître de danse, leur principal et trop souvent leur unique éducateur, leur enseignait à faire de nécessité vertu en transformant ce maintien forcé et ces mouvements contraints en gracieuse allure de marionnettes. On n'a qu'à les regarder pour constater leur faiblesse physique, et pour comprende l'obligation où ils se trouvaient de craindre et d'éviter tout ce qui est fort, sérieux et naturel. De la passion? Impossible! Elle occasionne des gestes violents et disgracieux. Tous ces gens-là ne sont que des libertins; l'amour pour eux est un jeu de société raffiné, le jeu par excellence, qui remplit presque toute l'existence. Le mariage? Oui; une institution nécessaire, mais il ne doit pas gêner! Il est de mauvais ton de voir le mari dans le salon de sa femme; pour les enfants, les inévitables, il n'y a pas de place dans leur vie. Les liens de la famille n'existent plus. La Nature? Mais la vraie nature est sauvage, elle est laide, peuplée d'animaux qui vivent dans de sordides cabanes et que l'on nomme paysans! Quand par hasard ces gens se sentent poussés vers la nature, ils se rendent dans le parc bien aligné, bien peigné et jouent aux bergers et aux bergères. En un mot, ils n'ont aucun rapport avec la nature réelle; tout ce qui est humain leur est devenu étranger. Ce n'est que dans les salons, les boudoirs et

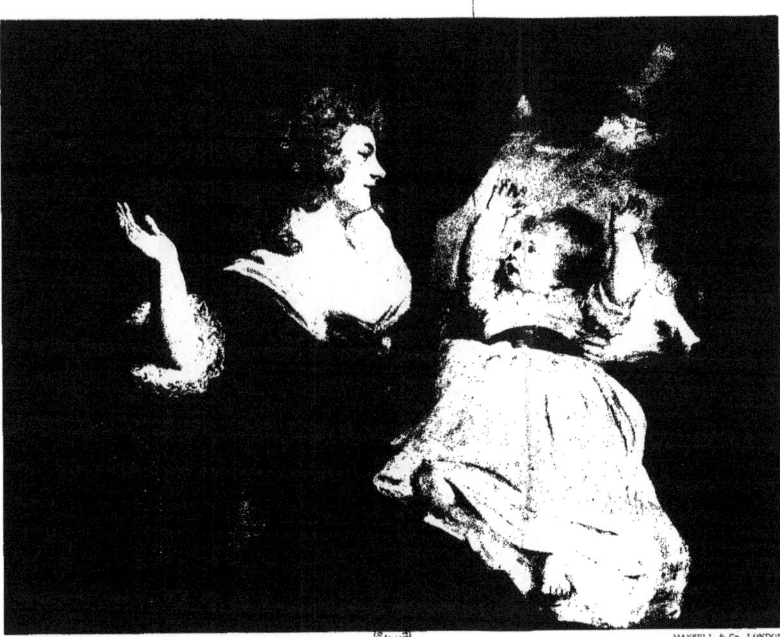

Sir Joshua Reynolds — MANSELL & Co., LONDON

GEORGINA, DUCHESSE DE DEVONSHIRE ET SON ENFANT — GEORGINA, HERZOGIN VON DEVONSHIRE MIT IHREM KIND — GEORGINA, DUCHESS OF DEVONSHIRE, AND HER CHILD

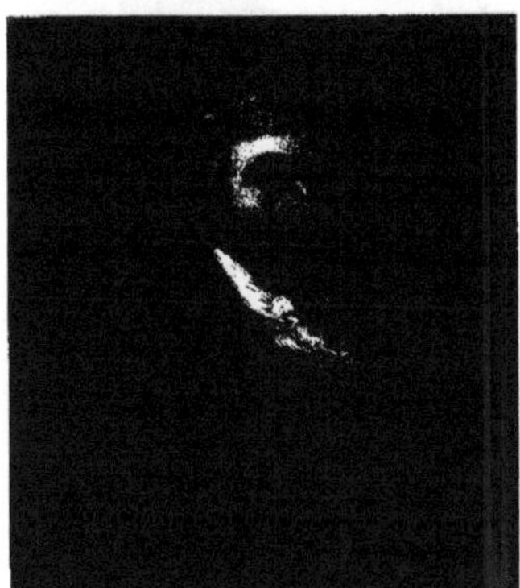

Thomas Gainsborough

PORTRAIT DE LUI-MÊME — SELBSTBILDNIS — PORTRAIT OF HIMSELF

BY PERMISSION OF THE ROYAL ACADEMY OF ARTS, LONDON

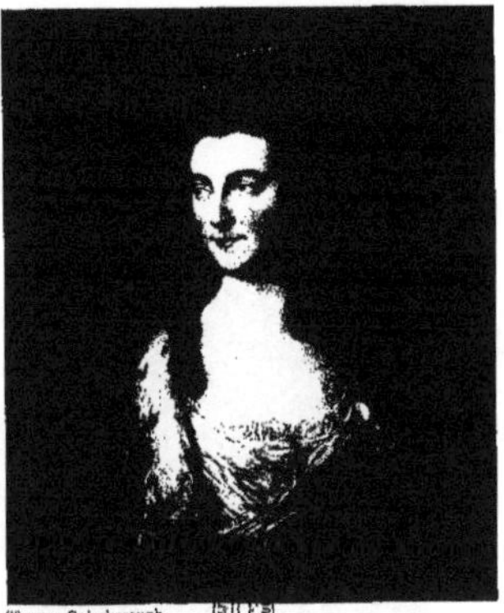

Thomas Gainsborough

MISS SPARROW

BY PERMISSION OF MESSRS. GOODEN AND FOX, LONDON

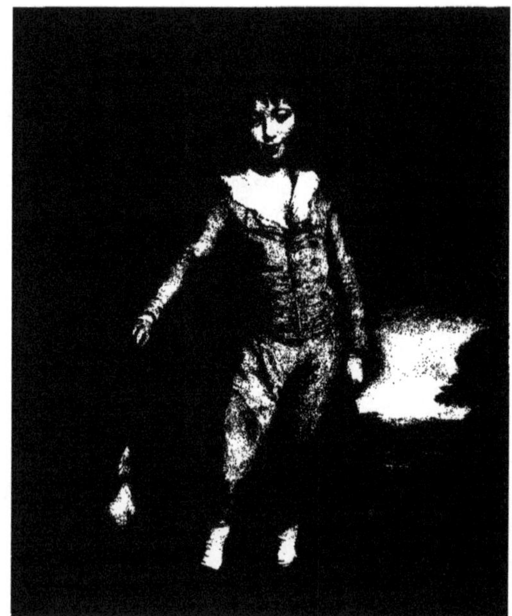

George Romney — BY PERMISSION OF LORD BURTON

LORD BURGHERSH

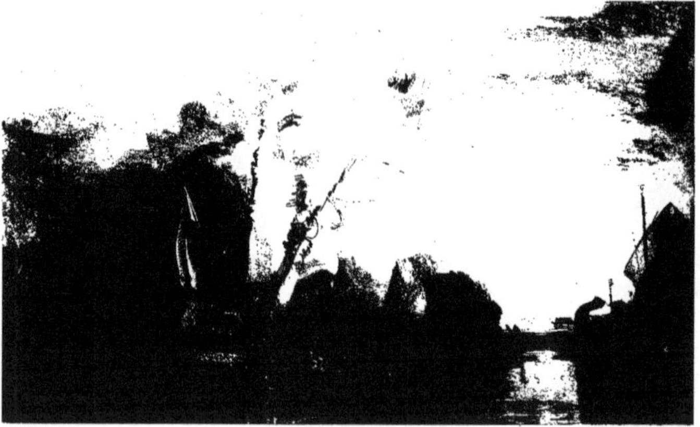

William Turner — MANSELL & Co., LONDON

ULYSSES RAILLANT POLYPHÈME — ODYSSEUS MACHT SICH ÜBER POLYPHEM LUSTIG — ULYSSES DERIDING POLYPHEMUS

les parcs qu'ils peuvent jouer le jeu d'une existence aussi frivole que pleine de grâce. Quant au sérieux de la vie, il est éliminé jusqu'à complète disparition. En art, aussi peu que dans la vie réelle, ils ne pouvaient supporter ce qui est fort, sérieux et naturel. Pour créer un cadre approprié à leur frivolité, le décorateur se voyait obligé de donner à tous les corps, à tous les contours des formes capricieusement et gracieusement tortillées; il n'y avait plus ni lignes droites, ni angles, ni symétrie. C'était le règne exclusif des couleurs pâles et légères. Seuls des sièges mollement rembourrés, aux cadres bien imaginés étaient dignes d'accueillir les corps efféminés. La peinture puisait ses sujets exclusivement dans cette vie, puisque ceux qui la menaient ne connaissaient, n'imaginaient et n'espéraient rien en dehors d'elle. Soumis aux caprices de cette existence, l'art offrait les mêmes attraits, les mêmes défauts. Il était devenu un jeu charmant, unique en son genre pendant des siècles, flattant par la douceur des tons, la finesse et l'expression des lignes, glorieux par la légèreté ambiante de la facture, mais absolument incapable de rendre les hommes et les choses étrangers à cette existence, ou de saisir la vérité de la nature.

Précisément en reconnaissant le Rococo comme la suprême expression d'un art raffiné, on prononce sa condamnation au point de vue historique. Suprême raffinement, n'est-ce-pas équivalent à incapacité de développement? n'est-ce pas une fin? Les feuilles artistiques que portait encore ce genre étaient d'une beauté nouvelle, toute particulière, mais elles étaient aussi stériles, sans force pour faire mûrir de nouvelles semences pour de nouvelles semailles. Et les hommes de cette époque, satisfaits du présent et de son genre, avaient perdu toute intelligence pour cet Art si différent du passé, pour lequel il n'y eut de place ni dans leurs sentiments, ni dans leurs hôtels. Pour amener un renouveau, on ne pouvait donc pas songer à se replier sur un art plus vigoureux et plus fécond.

Toutes les autres cours du continent singeaient la cour de France, menaient la même existence, favorisaient le même art, avec plus de lourdeur sans doute, et sans jamais atteindre au même degré de grâce et de talent.

Dans la bourgeoisie, partout, en France aussi, on vit naître et croître une forte aversion contre ce régime, et une haine qui devait aboutir à la destruction du système. C'est avec une ardente convoitise que la jeune génération tendait vers des temps nouveaux, vers la liberté, vers la nature, vers une Humanité plus vigoureuse. Mais que pouvait cette bourgeoisie, si ce n'est rêver, espérer et préparer l'avenir? Il n'y avait qu'un pays où elle possédait la puissance et l'influence, où elle pouvait créer et où elle créa. Et c'est vers ce pays que se dirigèrent les regards de tous ceux qui, parmi les autres peuples, demandaient du nouveau dans tous les domaines, et avaient besoin de conseils et d'exemples. Ce pays, c'était l'Angleterre qui avait une réponse prête pour chaque question.

L'Angleterre, cette île située aux confins de l'Europe, séparée du continent, avait eu son propre développement et avait su préserver son propre genre. Hautaine, elle était restée et reste encore fermée à toute influence étrangère; ce n'est qu'en hésitant qu'elle s'ouvrait et s'ouvre encore, n'accueillant que ce qu'elle peut s'assimiler, et les manières de France qui depuis le dix-septième siècle s'étaient répandues dans le reste du monde, n'avaient pu pénétrer chez elle. A un moment donné cependant, il sembla qu'il dût en être autrement. L'épouse française de Charles I, fille de Marie de Médicis et soeur de Louis XIV, avait-elle apporté à Londres les idées politiques de Versailles? nous répondrons: peut-être; mais à coup sûr elle y avait introduit les modes et le goût de cette cour. Mais la révolution vint rapidement mettre fin à cette influence, au grand profit du pays. L'absolutisme était à jamais condamné, et le pouvoir de la gentry, sur laquelle Cromwell s'était appuyé, était affermi pour tous les temps. Sans doute, il y a eu de nouveau des rois, et jusqu'à nos jours la noblesse a joué un rôle important, mais le dernier mot appartint toujours à la classe moyenne de jour en jour plus puissante, à cette classe que l'on ne connaît dans aucun autre pays, pour laquelle aussi il n'y a de nom dans aucune autre langue. On ne peut pas l'appeler bourgeoisie, mais elle occupe en Angleterre le place de la bourgeoisie chez les autres peuples. Pour nous, au point de vue qui nous intéresse le plus, c'est que pour le gentilhomme anglais,

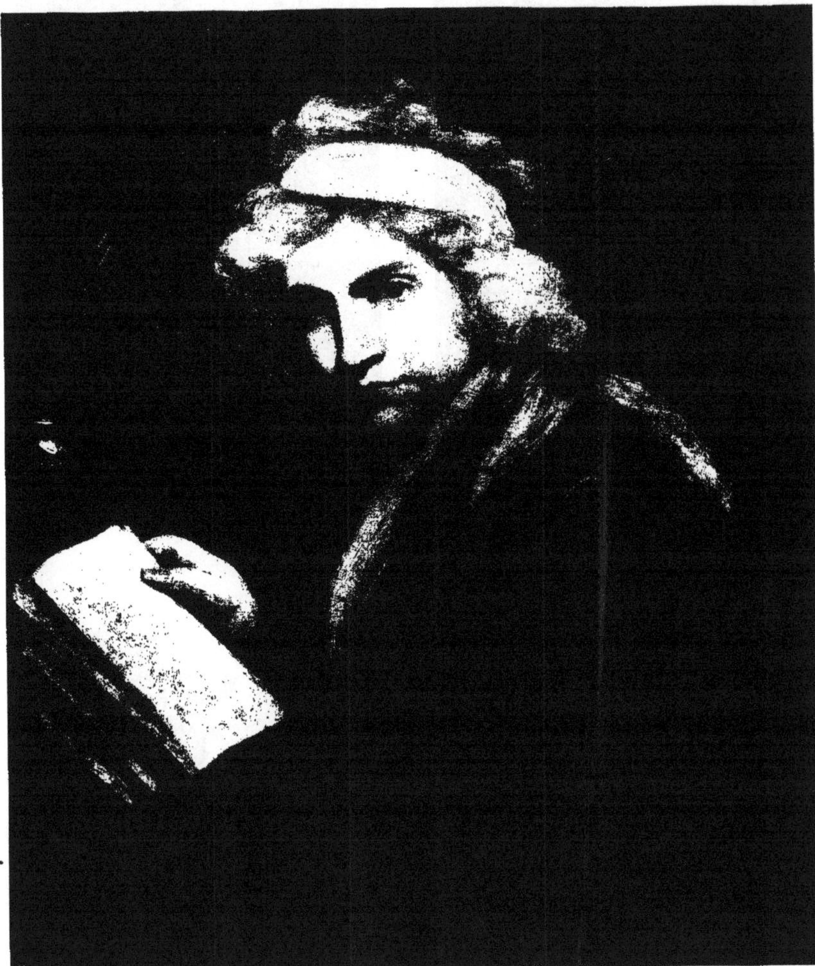

John Opie

MANSELL & Co., LONDON

PORTRAIT MRS. GODWIN

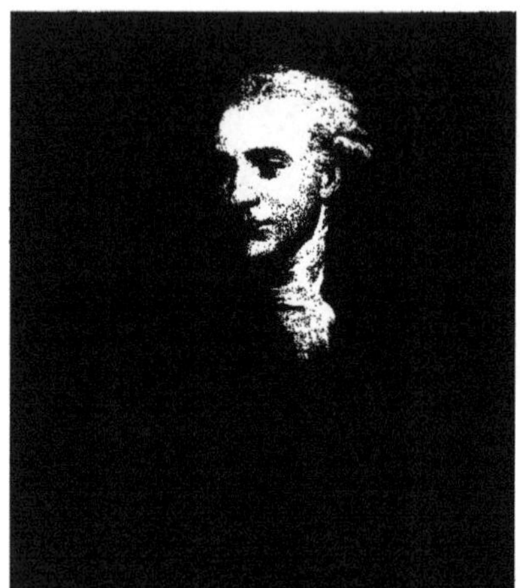

Sir Joshua Reynolds — BY PERMISSION OF HENRY J. PFUNGST, LONDON

RICHARD BURKE

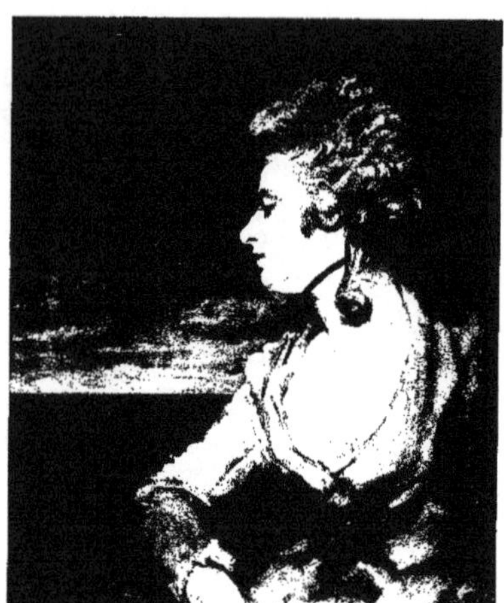

Sir Joshua Reynolds — MANSELL & Co., LONDON

MRS. ROBINSON

Thomas Gainsborough — BY PERMISSION OF LORD SWAYTHLING

LA VOITURE DES MOISSONNEURS — DER ERNTEWAGEN — HARVEST CART

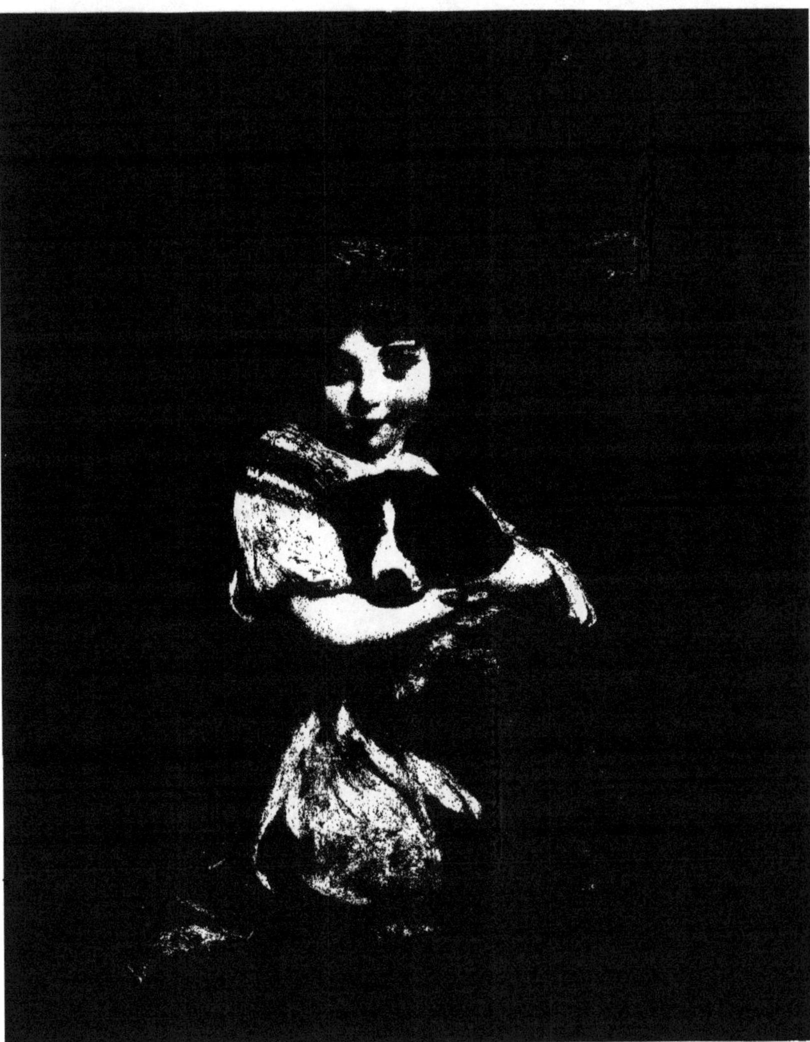

Sir Joshua Reynolds

MANSELL & Co., LONDON

MISS BOWLES

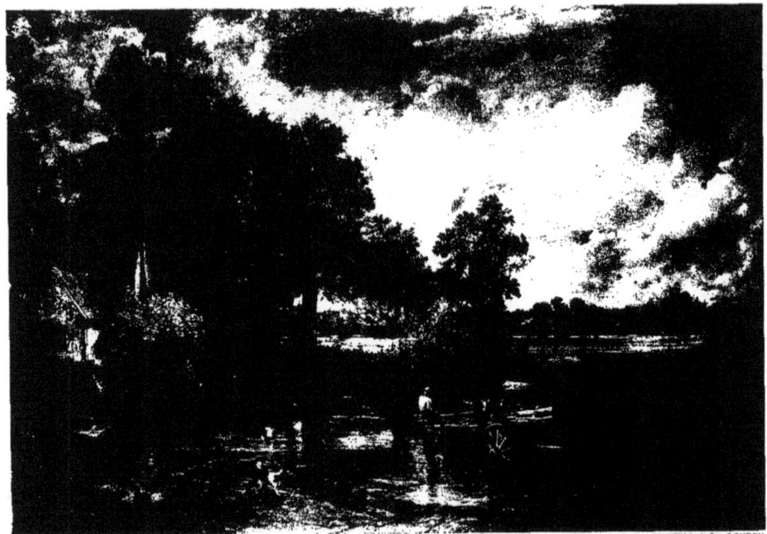

John Constable — MANSELL & Co., LONDON

LA VOITURE À FOIN — DER HEUWAGEN — THE HAY-WAIN

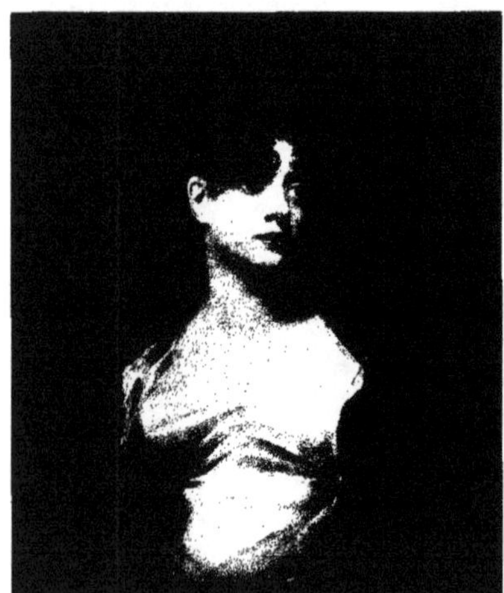

Sir Henry Raeburn — ANNAN & SONS, GLASGOW

MRS. SCOTT MONCRIEFF

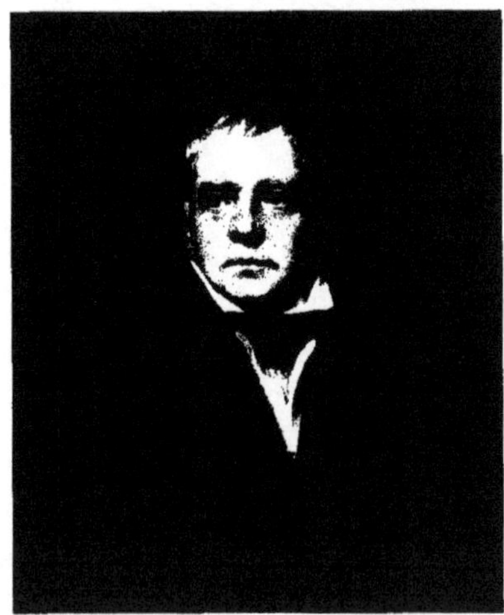

Sir Henry Raeburn — ANNAN & SONS, GLASGOW

SIR WALTER SCOTT

soit qu'il se rende à la cour, qu'il soit fonctionnaire ou marchand, qu'il soit obligé de résider à la ville ou à l'étranger, la campagne reste toujours le véritable home.

C'est cette particularité qui, au contraire de ce qui se passait en France, préserva l'Angleterre du Rococo dont on peut néanmoins constater quelques traces par ci, par là. Le sentiment de la liberté chez les dépositaires de l'Art anglais les empêcha toujours de devenir des hommes de boudoir. Ils n'auraient jamais consenti à s'enfermer dans un costume qui aurait gêné la force et le naturel de leurs mouvements. Jamais ils ne perdirent le contact avec la nature, ni le sentiment de son influence, ni le respect de ce qui pousse en liberté. Ils ne passaient pas leur vie, agglomérés entre eux, mais recherchaient volontiers la compagnie de gens d'autres classes et d'autres professions. Comme point central de leur existence il y avait la famille et l'enfant.

C'est ainsi que le pays se trouvait peuplé de gens aux impressions fraîches, aux sentiments simplement humains, imprégnés de respect pour l'Art des temps passés pour lequel les marionettes du Rococo n'avaient plus d'intelligence. Et si autrefois les plus distingués d'entre eux avaient déjà recherché et collectionné les produits de cet art, cette habitude s'étendit bientôt à tous les gentilshommes. La richesse toujours croissante du pays favorisa les longs voyages et les grandes acquisitions. Il leur fut donné, à eux, et à eux seulement, de voir et de comprendre tout ce qui est fort, grand et naturel. Gagnés à la cause de l'Antiquité en Italie, ils passèrent par-dessus l'Art romain à l'Art grec, et aux Holbein ainsi qu'aux Van Dyck dont les portraits peuplaient leurs châteaux, ils ajoutèrent les productions les plus exquises des Néerlandais, des Allemands, des Italiens et des Hollandais. Mais il arriva un moment où le besoin d'avoir un art bien à soi ne put être satisfait par un maître étranger. Jusque là il n'y avait pas eu de maître anglais. Les Anglais avaient suivi l'exemple des anciens Romains qui, pendant la période où la politique absorbait toute l'énergie du peuple, avaient attiré des artistes du dehors. Maintenant la nation devait et pouvait produire ses propres artistes. Et ce fut la tâche de ces maîtres de travailler à l'avancement de l'Art, de donner ce que tous demandaient mais ne pouvaient plus donner eux-mêmes.

Voilà ce qui explique comment les Anglais, à ce tournant de l'histoire, furent le peuple prédestiné, comment par un singulier concours de circonstances ils possédaient les qualités qui manquaient à la nation jusque là prédominante, aux Français du Rococo.

Sans doute, quand de notre temps, nous pénétrons dans les salles où se trouvent des Gainsborough, des Reynolds, des Romney, des Raekburn, on est frappé avant tout des points de contact de ces maîtres avec les Anciens. Mais il suffit de se représenter un instant un salon de peinture français du XVIIIème siècle, pour se rendre compte de combien les Anglais sont plus rapprochés de nous. D'un côté, des marionettes aux yeux libertins, dans un perpétuel jeu d'amour, dans des salles sans air, dans des jardins sans vie ni lumière qui vous oppressent la poitrine et vous coupent la respiration, de l'autre, de fraîches créatures de chair et d'os, à la personnalité prononcée, des hommes au regard mâle, des femmes au regard chaud et bon, des jeunes filles au regard rêveur, des enfants aux yeux enfantins; on entend le bruissement des arbres, on sent la vibration de l'air, on voit l'éclat de la lumière.

Pour l'accomplissement de la tâche que lui impose tout renouveau, l'artiste ne trouve jamais de moyens suffisants dans la période qui s'en va. Heureuse la génération qui peut continuer pour ainsi dire une tradition bien établie, lui permettant d'introduire les idées nouvelles doucement et sans bruit dans ce qui existe déjà, pour arriver imperceptiblement à l'évolution! Les peintres anglais du XVIIIème siècle n'eurent pas ce privilège. La peinture française, même s'ils l'avaient connue, ne pouvait, en raison de l'absolu contraste de sentiments, rien leur fournir, et en Angleterre même, il n'y eut après Van Dyck que ses faibles imitateurs: un Hollandais qui là-bas se faisait appeler Sir Peter Lely et suivait les traces du Maître, sans son talent cependant, puis, un Allemand, Gottfried Kneller, qui travaillait avec sécheresse dans le style des élèves francisés de Rembrandt.

On sait que les enfants, en cas de désaccord avec leurs parents, s'adressent aux grands-parents, auprès de qui ils trouvent l'affinité sans

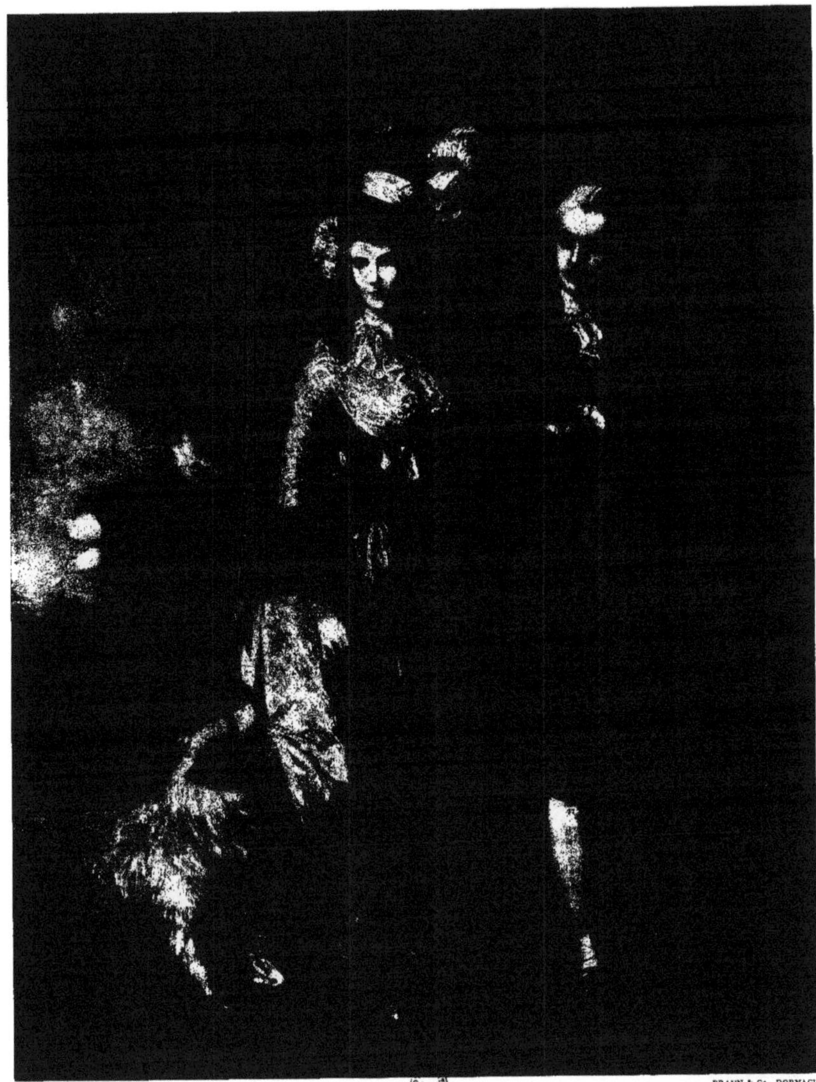

Thomas Gainsborough

PROMENADE MATINALE

MORGENSPAZIERGANG

THE MORNING WALK

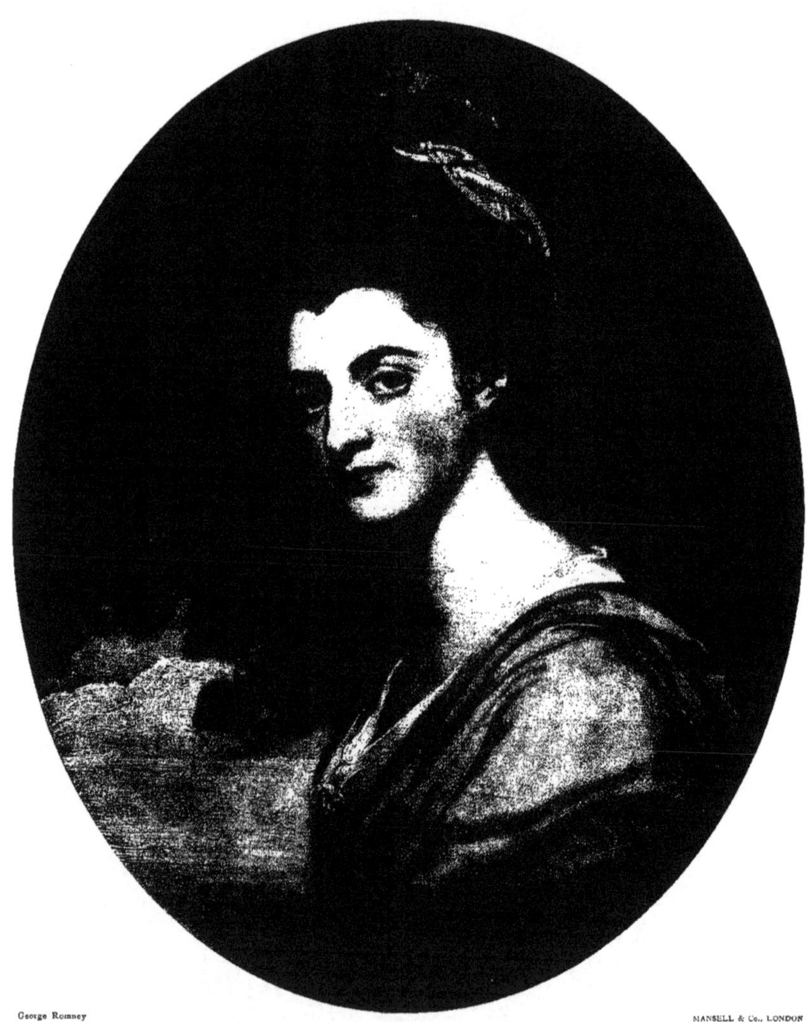

George Romney — MANSELL & Co., LONDON

LADY CRAVEN

l'inconsciente hostilité qu'éprouve chaque génération à l'égard de celle qui va prendre sa place. En vertu du même sentiment, les nouveaux Anglais du XVIIIème siècle ont marqué un certain éloignement pour leurs prédécesseurs immédiats malgré tout quelque peu entachés de Rococo, pour se rejeter sur les ancêtres du XVIIème, qui, en comparaison des premiers, étaient plus rudes, et, si l'on peut s'exprimer ainsi, plus purement anglais. C'est toujours la vieille histoire: „Il était une fois" . . . . Les contemporains eux-mêmes, ne se sentant pas complètement à l'aise à leur propre époque, ne se privèrent pas, dans un caprice romantique, de reprendre de ci et de là, et, à l'occasion, d'assez près, les modes de ces temps privilégiés; les femmes du moins, les jeunes gens et les enfants adoptèrent la coupe et surtout les couleurs de l'époque. Cette tendance indiqua leur voie aux artistes et désigna le point précis de la tradition auquel ils pouvaient rattacher leur Renouveau. Pour le portrait d'homme, et en général dans tous les cas où le genre de Van Dyck ne concordait pas avec le genre de la nouvelle Humanité, ils eurent à leur disposition l'enseignement de Rubens et de Rembrandt, dont les personnages portaient des costumes où étoffes et drap rappelaient les uniformes et les robes encore de mode en Angleterre à cette époque. Quant aux paysages, on pouvait s'en tenir entièrement aux maîtres dont les créations provenaient de la nature analogue des Pays-Bas.

Reconnaissons que de telles productions semblent donner raison à ceux qui firent aux maîtres anglais le reproche d'Eclectisme, et les considèrent non comme l'avant-garde de l'Art nouveau, mais comme l'arrière-garde de l'Art ancien. De vieux modèles, et ce qui plus est, pas même de leur propre pays! Où reste ainsi leur oeuvre personelle? Mais c'est là une opinion que rien ne justifie. Ces artistes dans leur sentiment de l'homme et de la nature, se tenaient inébranlables sur le terrain de leur époque et de leur pays. S'ils ont eu besoin de modèles pour formuler leur impression, ils ont eu cela de commun avec tous les artistes qui suivirent, même avec ceux que la critique moderne exalte à titre de révolutionnaires. C'est un fait que l'on ne peut pas leur imputer à crime, parceque la tradition non ininterrompue avait abouti au Rococo, et n'était plus capable de servir au développement des idées nouvelles. Tous, tant qu'ils sont, les Géricault et les Delacroix, les maîtres de Barbizon, les Manet, se sont vus obligés de se rattacher aux maîtres antérieurs, ce qui n'empêche pas de les reconnaître comme les créateurs d'un art nouveau. Ces Français ont été chercher leur enseignement et leur inspiration chez les Flamands, les Hollandais et les Espagnols, comme nous le verrons plus tard, et c'est précisément l'exemple des Anglais qui a décidé nombre d'entre eux à entrer dans cette voie. Les Anglais ont fait preuve d'un instinct bien plus sûr. Le Van Dyck qu'ils ont pris comme modèle peut être considéré presque comme un peintre anglais. Sa dernière manière, en effet, n'est-elle pas le fruit de l'influence exercée sur lui par la société et l'air ambiant de ce pays? Et les autres maîtres que l'on pourrait citer! S'ils ne sont pas Anglais, ils sont du moins originaires de pays voisins étroitement apparentés; tandis que plus tard les artistes d'autres nations se sont, au grand détriment de leur art, et en évidente méconnaissance de ses exigences, placés au-dessus des différences qui séparent les nations, les civilisations, les paysages. Les premiers et principaux représentants de cet art anglais furent Thomas Gainsborough et Joshua Reynolds.

Quand on cite ces deux noms, il est d'usage de les accoupler par le mot „et". Mais comme dans bien d'autres cas où le langage usuel réunit deux pays ou deux personnages, une étude plus approfondie de ces deux artistes nous amène non seulement à défaire ce lien, mais encore à constater le plus prononcé des contrastes, un contraste tel, qu'il est difficile d'en imaginer un plus violent entre deux protagonistes de la même civilisation. Ils ont vu et peint la même société, souvent les mêmes personnes, mais ils les ont vues et peintes avec des yeux, avec un tempérament entièrement différents; ce qui ne laisse pas que de nous fournir une preuve de la vigueur de la Personnalité dans l'art des ces prétendus Eclectiques.

La nature de Gainsborough était d'une sensualité forte mais fine; il était un instinctif. Il aimait les bonnes choses de la vie, les paysages, ceux-ci peut-être par dessus tout, la musique, les belles femmes. Il ne

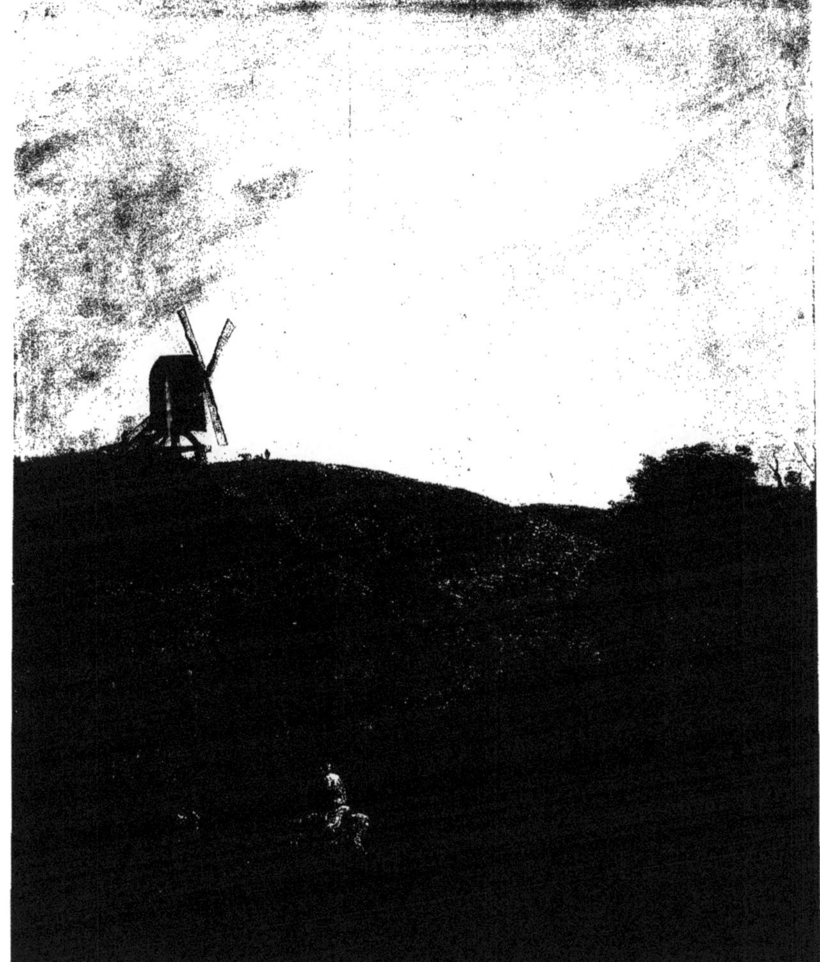

John Crome
LE MOULIN À VENT | DIE WINDMÜHLE | THE WINDMILL

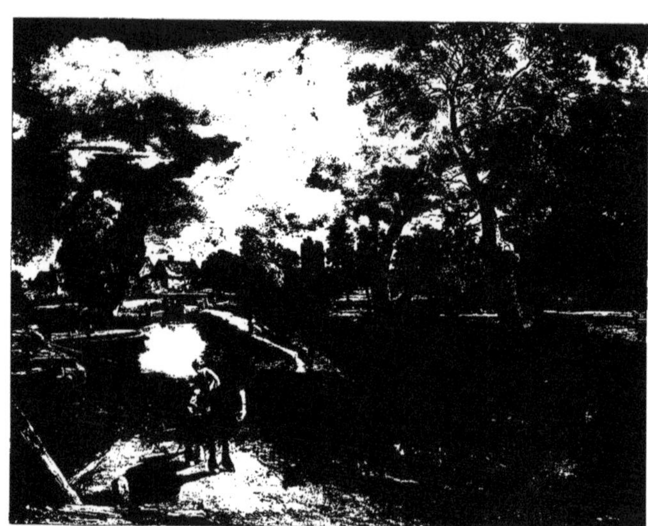

John Constable
MOULIN DE FLATFORD SUR LA STOUR FLATFORD-MÜHLE AN DER STOUR FLATFORD MILL, ON THE RIVER STOUR

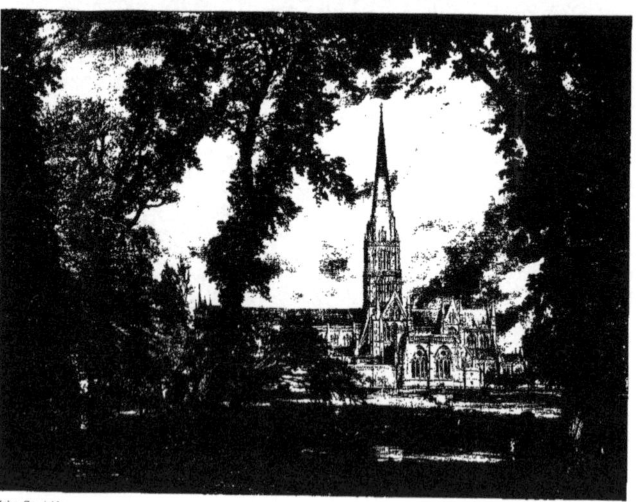

John Constable
CATHÉDRALE DE SALISBURY KATHEDRALE ZU SALISBURY SALISBURY CATHEDRAL

By permission of W. A. Mansell & Co., London

connaissait ni méthode, ni calcul, ni problème. Incapable de se soumettre à la discipline de l'apprentissage, il quitta Londres où il était arrivé à l'âge de quinze ans, pour retourner dans son pays et marcher par ses propres moyens. Cependant, quelque temps après, quand il arriva dans les grandes propriétés des environs de Bath, il eut le loisir d'apprendre par coeur, pour ainsi dire, une toile de Van Dyck, et de s'approprier ainsi, par la seule force du sentiment, la technique et tous les secrets du coloris du Maître, sans pouvoir dire en quoi tout cela consistait.

La nature l'avait doué au plus haut point du sentiment de la couleur. Attraper les tons, trouver les transitions et l'harmonie de tons donnés, (ce n'est pas sans intention que nous faisons intervenir ici la terminologie musicale), tout cela ne fut qu'un jeu pour lui. Voyait-il un sujet qui lui plût, pour lui, le portrait était fait; un paysage bien découvert fournissait le fond sur lequel venaient mourir et se fondre les couleurs de la tête et des vêtements. Sa couleur de prédilection était le bleu, une terrible couleur, surtout à la lumière. Reynolds, ce fouilleur d'art en connaissait la difficulté et la tenait pour insurmontable; Gainsborough ne la connut pas et la surmonta, en cela peut-être le seul peintre de notre connaissance qui ait réussi ce tour de force. Son chef-d'oeuvre dans ce domaine de l'art est le „Blue Boy", un gamin en costume de soie bleue à la Van Dyck. Comment l'a-t-il exécuté? Il commence par le poser dans un paysage le soir. Plus qu'une faible raie de lumière à l'horizon; tout autour un chaud crépuscule d'un brun foncé. Des ombres d'un brun jaunâtre s'étendent sur les plis de la brillante étoffe bleu-clair qui n'apparaît plus qu'aux endroits éclairés. C'est ainsi que fut évité le danger de la grande surface bleue; il est étonnant de voir combien peu de cette couleur a été employé, et cependant c'est elle qui caractérise l'étoffe. La solution est extrêmement habile, mais elle n'est pas due à un coup de génie, elle naquit du sentiment.

La célébrité de la toile est pleinement justifiée, mais elle a peut-être empêché de rendre pleine justice à d'autres ouvrages, surtout à une époque où l'oeil habitué aux effets frappants et fortement soulignés a désappris l'art de se mettre au point des productions délicates. Gainsborough a eu de très nombreuses occasions de recommencer ce tour de force, et dans bien des toiles représentant des dames vêtues de bleu, placées en pleine lumière dans la verdure des parcs, la solution est peut-être encore plus élégante. Lorsque l'on voit ces toiles successivement, l'une après l'autre, on est tenté de croire que la façon dont les plans sont animés et divisés par la lumière, dont le bleu se fond dans le paysage, dont les tons blanchâtres ou gris des paysages viennent s'éteindre dans le bleu, est due à un certain procédé fixe sans cesse répété. Mais les voit-on réunies, l'une à côté de l'autre, on s'aperçoit que la solution diffère dans chacune d'elles, et que les mêmes nuances ne se répètent jamais.

A l'exemple des anciens Maîtres, Gainsborough, dans l'exécution d'une toile, ne sortait jamais du type qu'il s'était fixé. Il saisissait le sujet d'un coup comme un tout, ou plutôt, il le sentait comme un tout et parvenait ainsi à représenter l'ensemble de l'ouvrage, avec les quelques rares couleurs qui faisaient le mieux ressortir son essence. Le paysage toutefois ne perdit pas ses droits ce qui ne saurait surprendre chez ce paysagiste-né, ce passionné; il ne resta pas un accessoire, mais participa à la vie de son oeuvre. Comme le démontre de reste le „Blue Boy" pour la représentation duquel tout au monde aurait mieux convenu que la nuit, il ne choisissait pas son milieu d'après le caractère de son sujet, mais d'après les couleurs qu'en raison de la physionomie de ce sujet il avait étalées sur sa palette, ou celles qui lui étaient indispensables pour compléter la toile.

Où la manière de Gainsborough éclate de la façon la plus frappante et là plus visible, c'est quand il a à mettre en harmonie deux toiles destinées à se faire pendants. Les portraits de la famille . . . . fournissent un exemple de cette manière. Le mari est en habit rouge et en culottes jaunes, la femme, en robe blanche. De prime abord il paraît impossible de tirer de ces données deux toiles qui ne hurleront pas de se trouver réunies. Gainsborough réalisa cette impossibilité, sans que l'on puisse constater la moindre trace d'un effort quelconque. A côté du rouge de l'habit et du jaune de la culotte, il pose le gris-argent

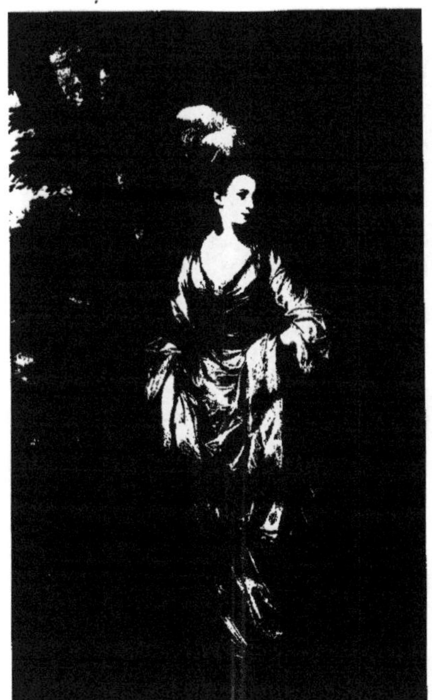

Sir Joshua Reynolds MANSELL & Co., LONDON

MRS. CARNAC

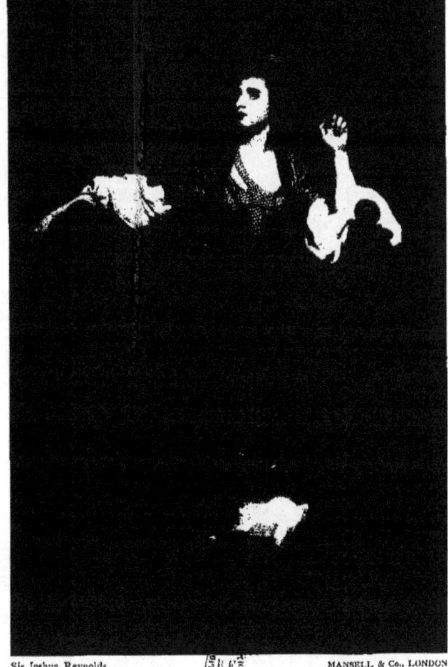

Sir Joshua Reynolds MANSELL & Co., LONDON

MRS. SIDDONS AS THE TRAGIC MUSE

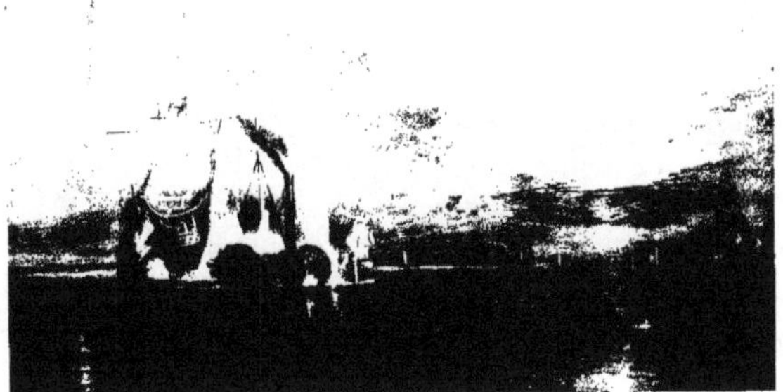

William Turner MANSELL & Co., LONDON

‹FIGHTING TEMERAIRE› REMORQUÉ POUR LA DERNIÈRE FOIS À SON BASSIN POUR Y ÊTRE DÉMOLI
DER ›FIGHTING TEMERAIRE‹ ZUM LETZTEN MAL ZWECKS DEMOLIERUNG INS DOCK GESCHLEPPT . . .
THE "FIGHTING TEMERAIRE" TUGGED TO HER LAST BERTH TO BE BROKEN UP . . .

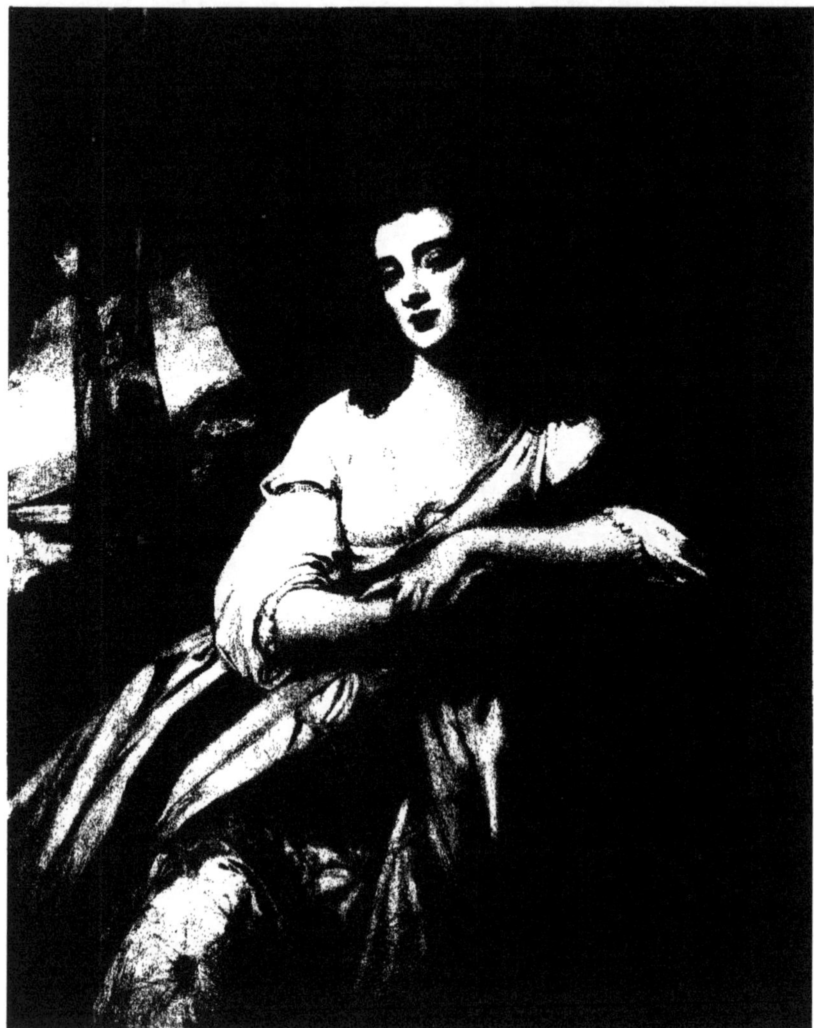

George Romney — AD BRAUN & Co., DORNACH

LADY POULETT

BY PERMISSION OF MR. ALFRED DE ROTHSCHILD

d'un cheval; et près du blanc de la robe se trouve placé le jaune d'une colonne de bois sculpté, le tout ressortant sur un fond rouge.

Ce sentiment exquis de la couleur qui comprend le sentiment de la lumière, puisqu'en somme l'un ne va pas sans l'autre, fait des artistes qui le possèdent d'éminents paysagistes. Il ne faut pas perdre de vue que le vrai paysage de sentiment a son origine en Italie, chez les Vénitiens, dans le Nord, chez les Hollandais c'est-à-dire dans l'un et l'autre cas chez le peuple dont l'atmosphère ambiante a fait des paysagistes d'instinct. Ainsi ce peintre-né qu'était Gainsborough était aussi un paysagiste-né et peut-être bien serait-il resté exclusivement paysagiste si le besoin considérable de portraits qui régnait alors dans la société anglaise et dont on n'a pas d'autre exemple dans le cours de l'histoire, n'avait fait du portrait la seule spécialité où l'artiste pût se produire. Pour lui, personnellement, il a toujours préféré la peinture non rétribuée du paysage à la peinture richement rémunérée du portrait.

Dans le début il travailla dans le style du Poussin et du Lorrain; puis il s'adonna au style classique, produit des lignes et du coloris de la nature italienne qui à cette époque dominait le monde. Mais un artiste doué d'un oeil aussi délicat, si amoureux de la nature de son pays dans lequel il passait sa vie, ne pouvait pas en rester là. A-t-il vu les paysages de Rubens, ou bien est-ce la nature anglaise qui, par la richesse luxuriante d'un sol bien soigné, par l'éclat des couleurs que produit cette richesse, et par le ton de ces couleurs, offrait tant d'analogie avec la nature flamande, vers laquelle Rubens s'était senti porté dans les dernières années de sa vie? Bref, en présence des paysages de Gainsborough, la pensée est ramenée invinciblement au grand Flamand. Ceci revient à dire que ces toiles sont plus profondes, d'un coloris plus savoureux que ses portraits. On serait tenté de croire par cela que son art est d'une nature double qui pourrait laisser mettre en doute la puissance de sa personnalité. Mais ce n'est pas là la raison qui lui fit voir la nature avec d'autres yeux que les hommes; le fait est que ce sont là deux sujets différents. Sous l'influence de la civilisation et du goût, les hommes se trouvaient plantés là dans le pays, comme une tache coloriée dont ce n'était pas la place. Dans le portrait, ils formaient le sujet principal, et la nature, un élément accessoire. Dans le paysage, au contraire, l'artiste pauvait donner tout ce que son oeil rencontrait de magnificence dans ses couleurs. Le citadin de nos jours est tout aussi déplacé dans la libre nature. Qu'un réaliste l'ayant bien compris le place dans un paysage également bien saisi, il en résultera toujours une étonnante dissonance. Seules les créatures qui passent leur vie en plein air, non seulement au milieu de la nature mais avec elle, peuvent être représentées en parfaite harmonie avec les tons qui reproduisent leur peau et leurs vêtements.

Le paysage fut à plus d'un point de vue un puissant facteur du développement artistique de Gainsborough. Il lui a rendu l'oeil plus sensible, lui a fait de plus en plus considérer l'air et la lumière comme éléments essentiels. C'est au paysage qu'il doit ce flou, ce vaporeux admirable que nous aimons tant chez lui, qu'il fut le premier à nous donner, et qui, à nos yeux, le place au-dessus de son grand rival Reynolds.

Ce qui distingue Gainsborough dans l'exécution de ses portraits c'était une compréhension, instinctive elle aussi, de la caractéristique de son modèle, de tout ce qui dans la physionomie ou le mouvement du corps constitue la note vraiment personnelle. En ce point aussi, il se montre éminent artiste, capable de saisir d'un coup l'ensemble de son modèle, tout comme lorsqu'il s'agit de le saisir au point de vue de la couleur.

De là, l'aisance, l'absence d'efforts dans ses portraits qui ont toujours l'air d'être improvisés et laissent tous croire que la ligne lui est venue subitement dans un moment de veine, comme un air de musique. Sans crainte d'être contredit, on pourrait dire de lui: Il sentait la mélodie propre à chaque modèle et savait la produire. C'est précisément à cette qualité qu'on peut attribuer les inégalités de ses portraits, car il devait être comme perdu quand un modèle ne l'intéressait pas, quand il n'entendait pas résonner en lui la fameuse mélodie. De là aussi les défauts de ses dessins dans tous les cas où sa main n'était pas guidée par une forte suggestion.

Si l'on doute parfois aujourd'-hui de la parfaite ressemblance des portraits des Gainsborough, si l'on pense qu'il a flatté ses modèles en

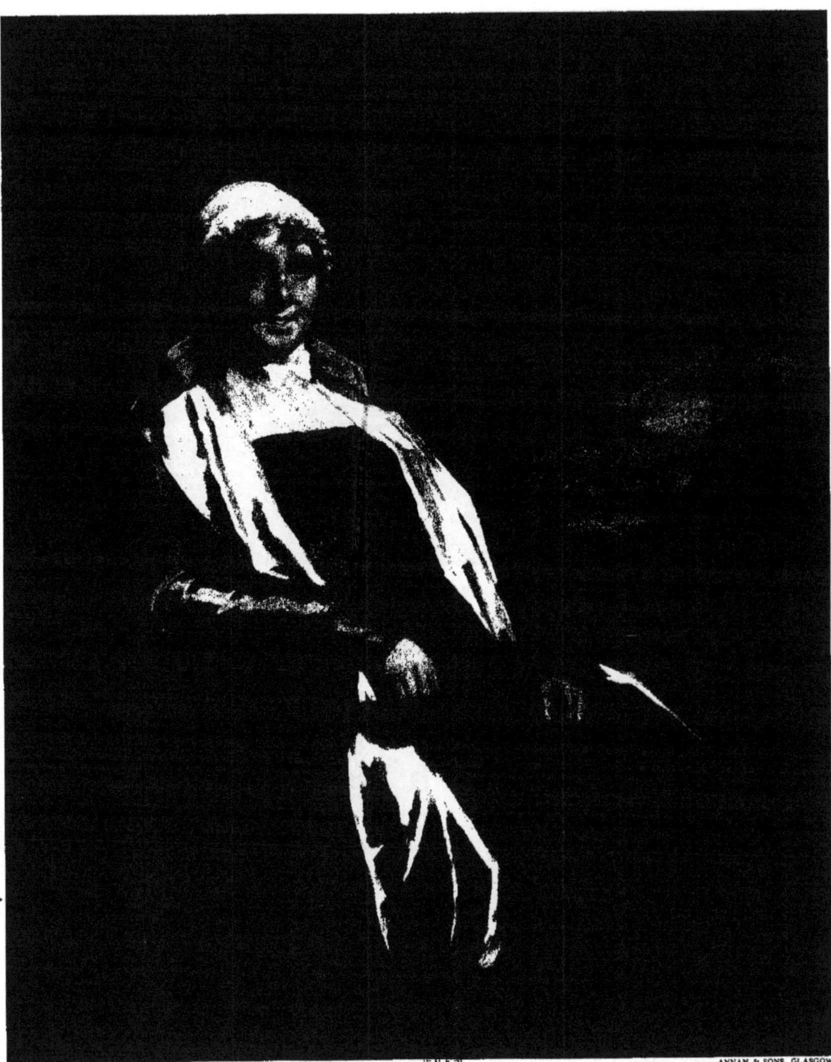

Sir Henry Raeburn

ANNAN & SONS, GLASGOW

MRS. KENNEDY OF DUNURE

Thomas Gainsborough BY PERMISSION OF LORD SWAYTHLING, LONDON

IDYLL

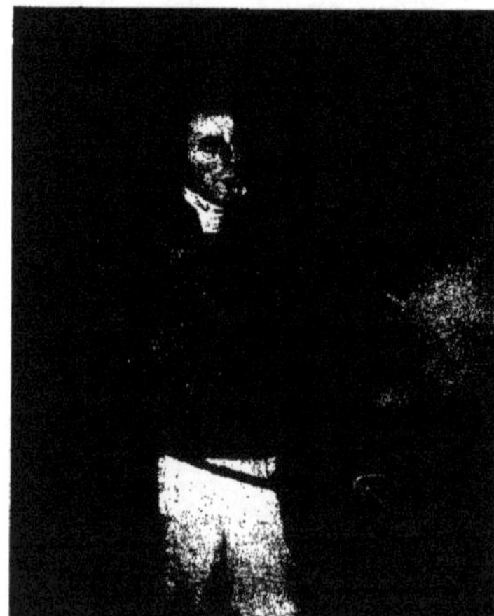
William Beechey BY PERMISSION OF HIS GRACE THE DUKE OF WELLINGTON

ARTHUR, 1st DUKE OF WELLINGTON

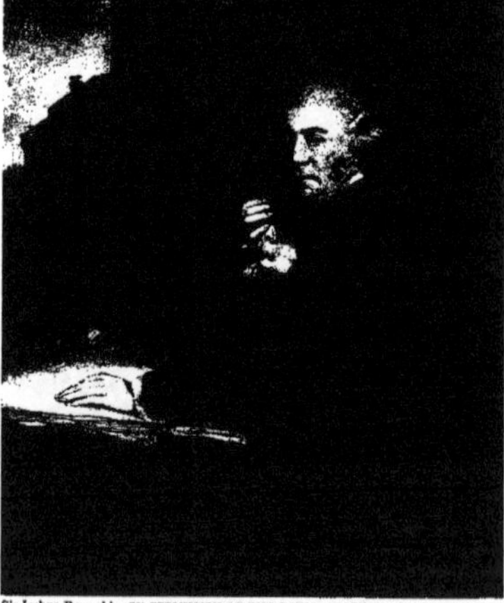
Sir Joshua Reynolds BY PERMISSION OF THE ROYAL ACADEMY OF ARTS, LONDON

SIR WILLIAM CHAMBERS

bon courtisan, si l'on trouve que dans ses femmes certains traits généraux reparaissent trop souvent, la faute en est à nos yeux moins pénétrants. Il y a sans doute aussi un peu la communauté du type de l'époque et la difficulté bien connue de reconnaître les divergences de physionomie qui existent entre individus d'un autre âge. Mais en y regardant de plus près, d'un oeil exercé, on s'aperçoit que ces reproches ne sont nullement fondés.

D'abord nous avons de lui des portraits qui, pour distingués qu'ils soient, n'en proclament pas moins tous les vices du modèle. Pensons seulement à celui du jeune Prince de Galles, sur le doux et beau visage duquel se lisent tous les mauvais instincts. Et n'est-ce pas en quelque sorte une critique que la représentation de certaines têtes de femmes, têtes vides de poupées.? Sans doute, tout aussi peu que ses contemporains, il ne nous a pas fait, et il n'a pas pu nous faire des révélations psychologiques allant jusqu'à la caricature, révélations que certains peintres de nos temps se permettent et peuvent se permettre dans une société peu raffinée. Mais il n'a ni vu, ni senti de la sorte, ce qui l'a dispensé de mentir. D'ailleurs la rigidité des moeurs de cette époque poussait les gens à surveiller sévèrement leur expression, habitude que les Anglais ont conservée depuis. N'oublions pas, en outre, que Gainsborough était une nature sensuelle, un homme à femmes, et qu'à ce titre il voyait toutes les femmes entourées d'une auréole. Jamais il ne flatta avec intention, encore moins par intérêt, car on ne remarque aucune différence entre les portraits qu'il exécuta pour lui-même et ceux qu'il fit sur commande. Et puis, toutes ses femmes sont-elles donc si belles, si égales que l'on puisse croire à la recherche d'un certain idéal? Certes non; elles ne sont que distinguées; à part cela nous voyons bien des traits irréguliers, bien des corps de maigre apparence. Et quand nous voyons à côté de ces oeuvres des têtes pleines de passion, comme celle de Mrs. Siddow, la grande comédienne de l'époque, ou les têtes irrégulières et mutines de certaines jeunes filles, on peut bien ne pas mettre en doute la réalité de ses beaux visages classiques, au profil de camée, à la peau pure, à la riche chevelure, aux yeux clairs et profonds. N'en avons-nous donc pas encore de nos jours de nombreux exemplaires sous les yeux, dans ce pays de l'air humide, des soins scrupuleux du corps et du sentiment?

La certitude d'entendre résonner une mélodie dans toute créature prise au hasard, sans préparation, pour peu toutefois qu'elle en contînt une, amena Gainsborough à renoncer à tout arrangement, à toute recherche, à toute illusion de costume. Du reste, il n'aurait pas su se servir de ces moyens. Il avait la faiblesse de sa force, il dépendait de sa sensualité. Se mettre en intimes rapports avec la ligne, (pour la couleur, il opérait par le sentiment), former des groupes? Impossible! Ça, c'était l'affaire de Reynolds, comme nous allons le voir plus loin.

Comme chez tous les portraitistes à personnalité prononcée, il y a aussi chez Gainsborough un certain air de famille entre oeuvres et ouvrier. Un fin visage, très tranquille, les traits ciselés, la bouche bien close, l'oeil clair et musical, le teint pâle et pur; voilà l'homme. Si nous ne savions que ce portrait est la réalité même, il faudrait se l'imaginer ainsi.

A côté de cette image, mettez maintenant les portraits de Joshua Reynolds peints par lui-même, et vous serez frappé de l'évident contraste entre ces deux hommes et entre ces deux natures. Reynolds a les traits rudes, le teint rouge, la chevelure brune et frisée, la bouche bienveillante, le regard vif. On sent en lui le perpétuel effort pour se perfectionner et se produire; on reconnaît l'homme circonspect et conscient de sa force. L'ensemble de sa physionomie a été rehaussé un un peu par suite de sa surdité; mais elle n'est d'aucune façon le résultat de cette infirmité. Il est toujours dans une position voulue, dans un costume particulier, et toujours la toile nous montre un accessoire quelconque qui le distingue du reste des humains et lui donne l'empreinte d'un artiste. On pourrait souligner une certaine ressemblance avec Rembrandt. Et c'est ainsi qu'il se tient prudent et actif, homme du monde en face du rêveur musical que fut Gainsborough. Il lui manque mainte chose que possède l'autre mais aussi nous trouvons en lui mainte autre chose qui manque à l'autre. Il est un don surtout que la nature avait refusé à cet homme d'ailleurs si richement doué; et c'est précisément ce qui faisait la supériorité de Gainsborough: l'instinct.

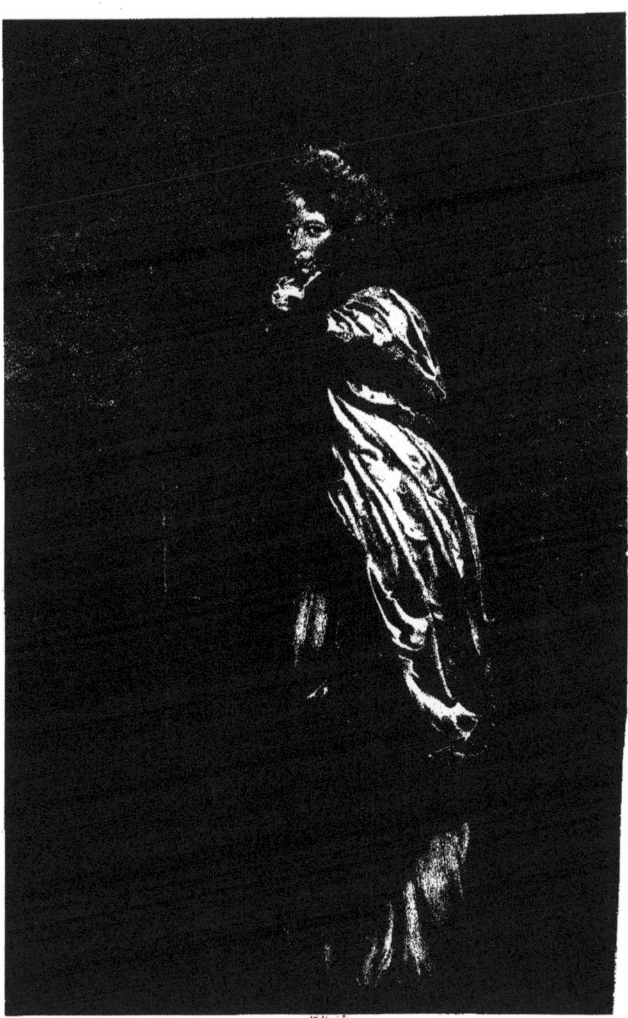

Thomas Lawrence

Elizabeth Farren

Si l'on n'avait pas sous les yeux ses toiles aux puissants effets, on pourrait presque se tromper sur sa nature d'artiste en suivant le cours de ses études. A dix ans, quelle horreur! il étudie la perspective. Au même âge, comme plus tard aussi d'ailleurs, Gainsborough, quand il le pouvait, était à se rouler, à rêver, à siffler dans les bois.

Son apprentissage fini, par l'intermédiaire de Gaudy, l'imitateur de Rembrandt, il arriva à Rembrandt, qui fut pour lui ce que Van Dyck fut pour Gainsborough, et qui lui fournit les moyens d'exprimer par le clair-obscur les jeux de physionomie mouvementés quil affectionnait. Mais il ne s'en tint pas à ce modèle. La tendance de ses contemporains anglais et de la première génération des touristes en Italie éveilla son désir de connaître ce pays et son art classique. Prévenu par ses lectures, comme le fut plus tard Goethe, il témoigna tout de suite une vive prédilection pour Raphaël et les Académiques de Bologne. Mais bientôt son oeil de peintre découvrit Michel-Ange et les Vénitiens, et s'il ne prit pas décidément et exclusivement leur parti, s'il consentit à laisser prévaloir l'opinion générale en faveur des Grands Maîtres, il ne laissa pas que de se rapprocher de ces artistes auxquels se rattachèrent également tous les coloristes des temps postérieurs. Sous forme de copies et de notes, il prit partout ce que les vieux maîtres pouvaient donner; chez les Vénitiens il fortifia son sentiment pour les belles couleurs; chez les classiques et les Académiques, son sentiment pour les belles lignes et les groupements; et grâce à un labeur acharné, il acquit ce qu'il n'avait pas apporté: le goût.

Peut-on par ce procédé devenir un grand artiste? La théorie répond: non et l'expérience ne nous dit: oui que dans un cas unique, précisément dans le cas de Reynolds. Fait remarquable! toutes ces influences si diverses et parfois si contraires, il les a, grâce à sa force personnelle, combinées en une expression homogène et les a, fait servir à la réalisation de son vigoureux sentiment de la vie.

Reynolds a beaucoup plus de tempérament et de chaleur que Gainsborough. Ce n'est pas par hasard que sa nuance favorite est un rouge ardent, brillant s'étendant ininterrompu sur de grandes surfaces. Il se sent retenu par l'esprit de son époque et par le goût acquis en Italie, sans quoi, on en est bien conscient, il se serait laissé aller à la bonne manière de Franz Hals et aurait flanqué sur la toile ses modèles avec le mouvement et l'expression du moment. En tout cas, jamais il ne se contente du maintien tranquille, de l'état bien équilibré des personnes. Il aime à les représenter en pleine agitation extérieure, soit isolées, soit en groupes, et dans les cas qui ne comportent pas cette attitude, on voit encore palpiter la vie intérieure qui fait retrousser les lèvres et briller les yeux. Chez Gainsborough, les lignes sont tombantes; chez Reynolds, elles sont tendues. La créature humaine du premier est lasse, les siennes, entreprenantes. Sa psychologie est plus profonde; il est un connaisseur expérimenté de l'humanité et suit nous faire part de sa manière de voir. Aussi ses portraits d'hommes ont-ils plus d'importance. Dans la collection de ses contemporains connus ou inconnus, on retrouve presque toutes les possibilités qui peuvent se présenter dans le caractère masculin: force de volonté, pénétration de l'intelligence, calme vigoureux, capricieuse vivacité. En cela il est sûrement original, car avant lui il n'a jamais été question de pareils personnages. Ou bien, pourrait-on me dire à quelle source il aurait „appris" à représenter si foncièrement la sentimentale intimité d'un Sterne? Pour cette tâche, il fallait justement un homme dont l'intelligence fût à la hauteur de son époque. De plus, bien des femmes pleines d'esprit, de caprices, de verve trouvèrent en lui leur plus vigoureux interprête. La laideur empoignante elle-même, pour laquelle même les femmes ou les hommes à femmes ne sentent rien, il la rendit d'une façon étonnament persuasive. En l'absence de ces qualités intellectuelles, quand il s'agissait de femmes et d'enfants dont la simple physionomie n'offrait rien d'intéressant, il créait des situations qui leur infusaient la vie. Les femmes causent entre elles ou se font la lecture; les mères jouent et s'amusent avec leurs enfants, les pressent contre soi, les réunissent en groupes, et sur tous les visages peut se lire le sourire de la joie et de l'amour. Ce qui manquait à Gainsborough et ce dont il pouvait se passer: la sûreté du dessin, le trait intéressant, et en général la composition linéaire, c'est-à-dire la division symétrique des surfaces au moyen des contours des personnages ou des groupes, tout cela Reynolds l'avait bel et bien

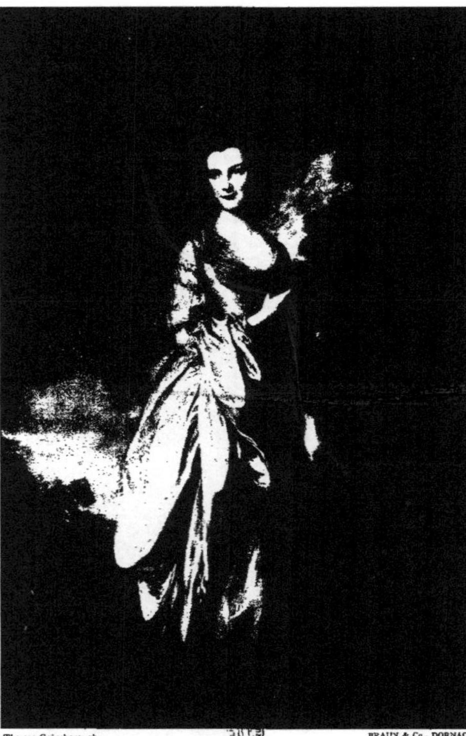

Thomas Gainsborough — BRAUN & Co., DORNACH

MRS. BEAUFOY

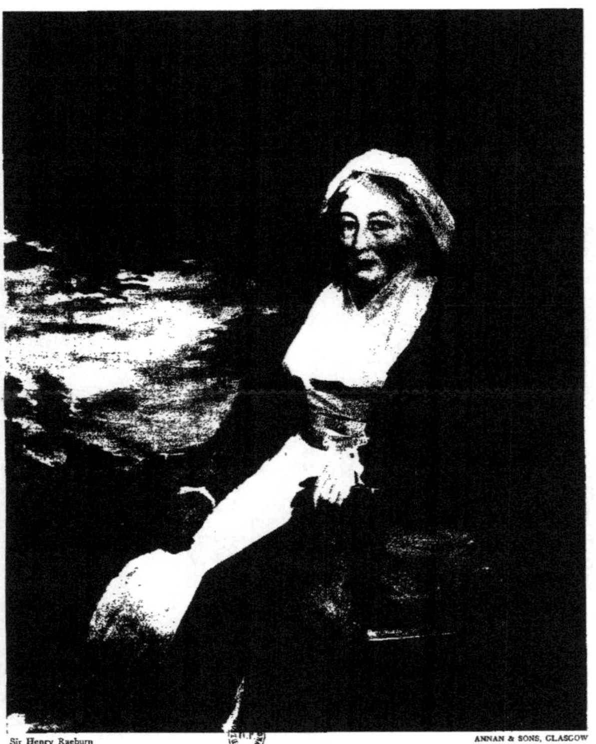

Sir Henry Raeburn — ANNAN & SONS, GLASGOW

MRS. CAMPBELL OF BALLIEMORE

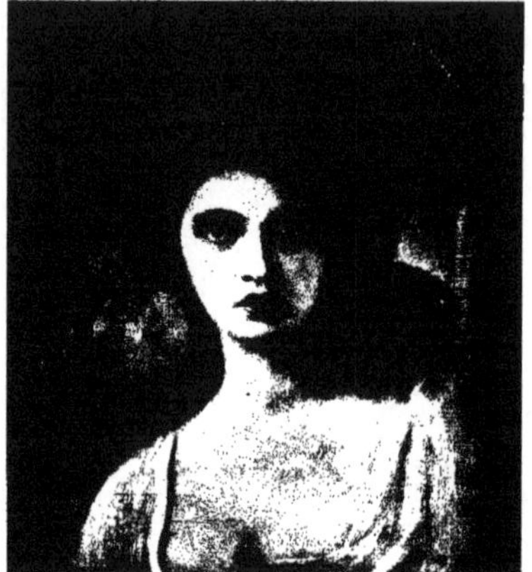

George Romney — MANSELL & Co., LONDON

LADY HAMILTON

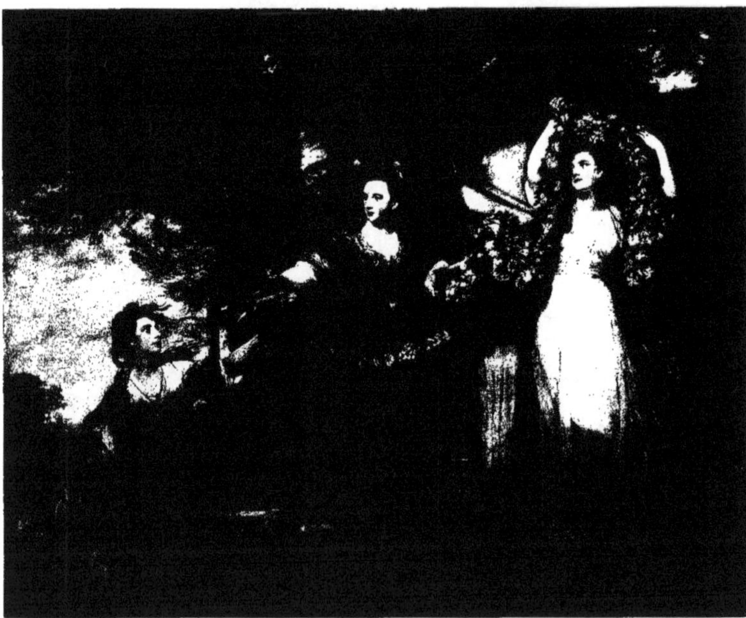

Sir Joshua Reynolds — MANSELL & Co., LONDON

LES GRACES DÉCORANT UNE COLONNE SURMONTÉE DE L'HYMEN

DIE GRAZIEN ZIEREN EINE HYMENSTATUE

THE GRACES DECORATING A TERMINAL FIGURE OF HYMEN

acquis. Regardez donc la Duchesse de Devonshire! Comme elle tient son bébé sur le bras gauche! Comme elle fait aller sa main droite joyeusement devant lui! Comme l'enfant lève gaîment ses petits bras! C'est un vrai sujet pris sur le vif, dont la vraie place est la nursery, et qui, soit dit en passant, marque le contraste entre la vie anglaise et la vie française où l'enfant se trouve écarté s'il ne manque pas complètement. Les contours de ce groupe compliqué, animé et réaliste ne sont-ils pas fondus dans le tableau comme dans un relief antique? Et puis, quel naturel, et en même temps, quelle grandeur dans le groupe des Hamilton, dans la femme à cheval, dans l'homme qui conduit le cheval et la soutient! Qu'il est beau dans son cadre! Avouons que le tendance de rendre ses modèles intéressants mène quelquefois notre artiste trop loin. La prédilection de son temps pour le classique et ses manifestations l'a fait tomber dans la mascarade et l'allégorie. Là où Gainsborough prend le costume Van Dyck, qui cependant remonte déjà aux grands-parents, lui, choisit l'antique; il met à contribution les pays éloignés, les époques passées et fait de ses femmes presque des déesses. Une dame sacrifie aux Grâces, trois soeurs personnifiant les Grâces sacrifient à l'Hymen, la Siddow que Gainsborough nous a donnée si belle dans le costume de son temps est une muse tragique entourée de génies, occupant un trône dans les nuages, et porte le sérieux le plus profond sur des traits exagérés qui la font ressembler à une Sibylle de Michel-Ange. Même les enfants, pour la douce naïveté desquels Reynolds témoigne cependant un si délicat sentiment, il arrive à les déguiser et à leur donner des poses affectées.

Un coloris chaud, intense, beau, qui aujourd'hui encore a l'éclat de la première fraîcheur, est un avantage qui vient s'ajouter à la vivante et profonde description du sujet, à la riche et sérieuse science de la ligne. Gainsborough a appris Van Dyck par coeur, Reynolds a pris les graduations des couleurs au Titien, et cette différence caractérise bien le genre de chacun de ces deux maîtres. Gainsborough était artiste, Reynolds, maître-peintre dans la plus haute acception de ce mot. Partout il pénétra dans le secret du traitement des couleurs, et seul de son espèce, s'appropria ce qu'au XIXème siècle des générations entières de peintres ont cherché en vain. Il connaissait aussi l'harmonie des tons, la juste proportion à donner aux couleurs plus ou moins chaudes sur la toile pour créer cette harmonie. Les difficultés, les problèmes, il semble les chercher bien plutôt que les éviter, en matière de coloris comme pour le dessin. C'est un jeu pour lui de faire accorder le rouge avec le noir, voire avec le blanc. Sa compréhension de l'art, un don anquel de nos jours on a le tort de ne pas attribuer sa véritable valeur, lui faisait dans tous les cas trouver la solution exacte.

Dans le portrait de Lady Delmé et de ses enfants, un petit garçon en costume de velours rouge se frôle à sa mère vêtue de blanc; ces deux couleurs hurlent de se trouver en présence, et il eût été facile d'en choisir d'autres. C'est ce que Reynolds ne voulut point. Il s'empare du problème qui lui offre l'occasion de prouver son talent. Des tons plus clairs que le velours accuse aux plis, il tire la couleur d'un manteau qu'il drape autour de la femme, pas en réalité bien entendu; au moyen des plis de ce manteau il crée différentes teintes de cette couleur, et grâce à cette dégradation qui du rouge éclatant mène à travers de nombreuses nuances au blanc clair, il donne son charme au tableau. Toute la richesse de coloris que nous admirons en son oeuvre est due à de pareils tours de force. Entre ses toiles et celles de Gainsborough il y a la différence qui sépare une phrase musicale savamment composée d'une simple mélodie coulant d'une source naturelle.

De son vivant il fut sans contredit jugé supérieur à son rival; sa situation ne peut se comparer qu'à celle de Raphaël à Rome ou de Rubens à Anvers. Il eut un grand train de maison et vécut princièrement. Sous tous les rapports, qu'il s'agisse de fortune, d'éducation, de mondanité, il était au moins l'égal de ses clients. Et malgré tout, il semble que sa manière plus sanguine correspondît davantage à la secrète tendance de son époque que la manière plus tendre de Gainsborough.

A cette époque de transition, il était un tant soit peu plus moderne, bien que son aîné. Mais qu'importe l'âge? Ne voyons-nous pas Hogarth bien plus vieux, encore plus moderne que lui? La savoureuse ampleur de ce peintre, le réalisme de ses conceptions étaient poussés si loin que la société ne voulut rien savoir de lui comme portraitiste. Il ne

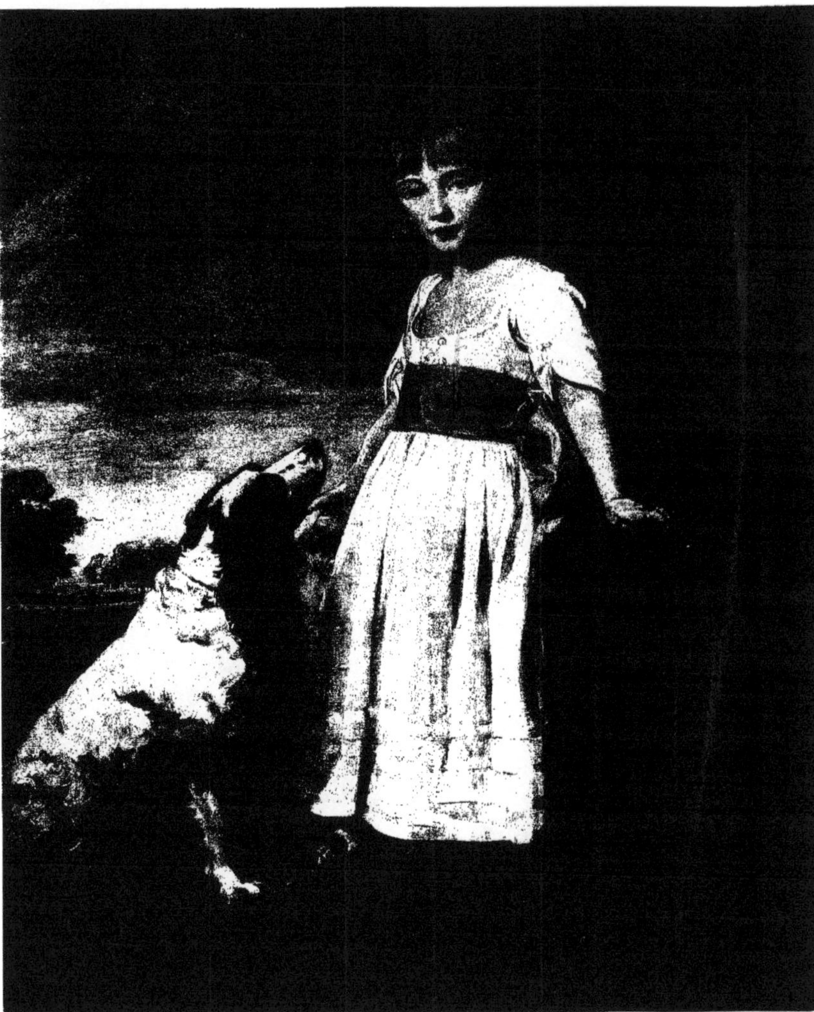

George Romney | BY PERMISSION OF LORD BURTON

THOMAS FANE

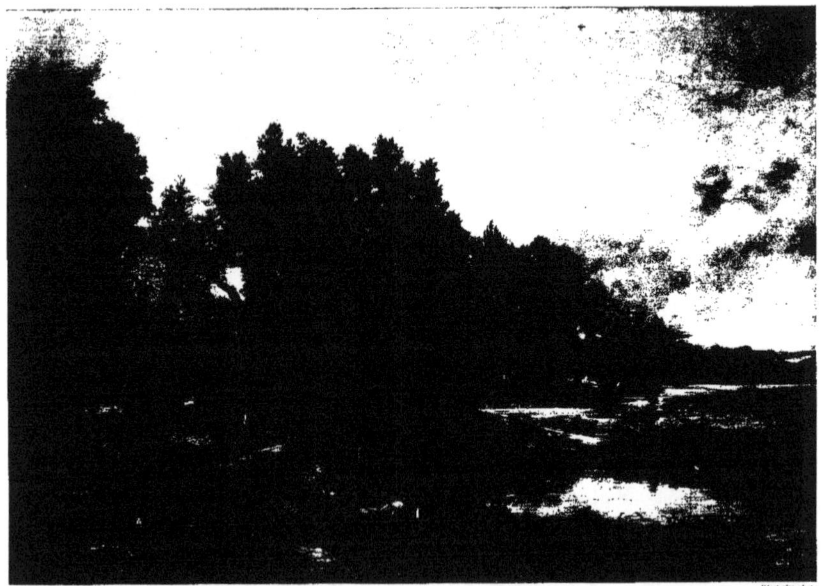

John Constable — Rischgitz phot.

LE MOULIN DE STRATFORD — STRATFORD-MÜHLE — STRATFORD MILL

BY PERMISSION OF LORD SWAYTHLING

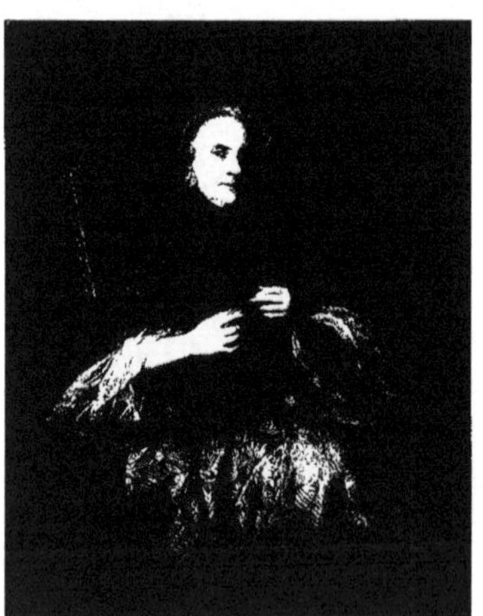

Sir Joshua Reynolds — MANSELL & Co., LONDON

ANNE, COUNTESS OF ALBEMARLE

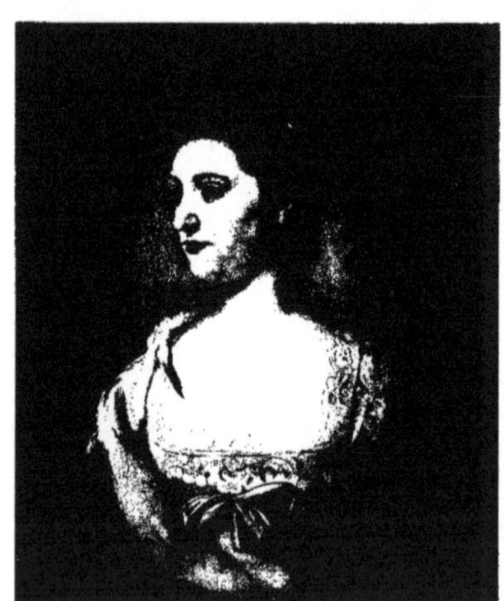

Allan Ramsay — WOODBURY, LONDON

PORTRAIT DE FEMME
FRAUENBILDNIS . . . .
PORTRAIT OF A LADY

pouvait travailler que comme artiste libre. Ou bien n'était-ce pas là un côté plus prononcé du modernisme? N'était-il pas en avance sur son temps, ou bien encore, était-il, lui un précurseur, le continuateur de ce merry old England du XVIIème siècle dont les représentants ne manquaient pas en littérature? Les deux suppositions sont admissibles. Il fut comme un pont jeté sur deux époques apparentées qui s'étaient trouvées séparées par l'introduction d'un art étranger.

L'influence de Hogarth ne se fit pas sentir tout de suite, et toute la génération du milieu du XVIIIème siècle et même de plus tard subit celle de Gainsborough et de Reynolds. Ces générations ne produisirent aucun artiste qui pût leur être comparé, mais l'ensemble est imposant et le niveau atteint assez élevé.

L'un de ces artistes attire l'attention sur sa personnalité, et l'on peut prédire avec quelque raison que le temps augmentera encore l'estime dont il jouit déjà de nos jours. C'est Georges Romney. S'il ne peut être mis en parallèle avec les deux Grands Maîtres, au point de vue de la fécondité, ses importantes qualités de peintre sont plus fortement accusées que les leurs. Chez lui, plus de traces de rattachement à des modèles déterminés; son ton est la résultante des rapports de l'oeil avec le monde. Pour le première fois il nous fait voir ce ton clair qui n'a été relevé qu'un siècle plus tard par les Révolutionnaires en guerre contre la vieille peinture sombre, ce ton qui flatte le mieux notre désir de lumière. Dans cette clarté les détails des formes et des couleurs disparaissent devant l'importance de l'ensemble et dans le ton fondamental. Les personnages sont mollement campés dans l'air. Sur ces données Romney a créé une peinture toute particulière, dont les caractéristiques sont le ton et la légèreté. En cela il va bien plus loin que Gainsborough, ce qui ne l'empêche pas de donner la forme, mais latente, et avec autant de sûreté que Reynolds. C'est une rare jouissance de suivre le sautillement de son pinceau, qu'il couche sur la toile la chevelure poudrée d'une dame, ou le pelage velu d'un chien. Malgré soi on pense à Manet.

Si dans la première période de cette époque de l'Art anglais la prépondérance appartient aux portraitistes, la deuxième période signale le triomphe des paysagistes. Si les portraits d'un Raeburn et d'un Gloppner, les élèves des grands chefs, si même ceux d'un Lawrence, leur arrière-élève, ne valent pas ceux de leurs maîtres, cela tient à bien des raisons dont la principale, puisque après tout le talent est le plus important facteur en art, est que les successeurs étaient moins bien doués. De plus, les hommes sont devenus moins intéressants pour l'art; ni le nouveau costume masculin au début du XIXème siècle, frac et bottes à revers, que nous nommons costume à la Werther, ni le costume vieillot des femmes, ne peuvent être comparés à ceux des époques précedentes, ni pour la grâce de la coupe, ni pour la beauté des étoffes. L'esprit du temps tantôt aride, tantôt doucereux, influence naturellement la conception du portraitiste. La faiblesse de Reynolds pour la mascarade classique dans les portraits de femmes a surtout fait école, et les dames qui sont représentées en Hébé ou sous toute autre allégorie font une bien pénible impression. Le Réalisme croissant demande plus de Naturel au détriment du coloris; la réalité a triomphé de l'Artificiel.

Ce qui bien entendu ne veut pas dire qu'il n'y ait encore de belles choses, qui, pour être d'une beauté plus récente, n'en ont pas moins de succès. Les superbes matrones de Raeburn, ces bonnes et plantureuses dames de la noblesse campagnarde sont, au point de vue humain, infiniment plus près de nous que leurs mères, et l'art du portrait de leur temps et des époques subséquentes ne nous offre pas grand'-chose qui, sous le rapport de l'expression ou de la couleur, puisse être placé à côté d'elles. Avec lui, nous avons le premier Ecossais qui embrasse la carrière artistique, et l'on sent à un coloris tout spécial l'effet d'une atmosphère spéciale, justement de cette atmosphère écossaise qui ensuite, dans le cours du siècle, a produit un genre de paysage tout particulier. Un épais voile gris argent atténue la lumière et la couleur qui y gagnent je ne sais quoi de doux et de vibrant. Une comparaison musicale nous fera le mieux sentir l'effet: c'est celui d'un violon bien accordé. Raeburn produisit d'abord ces tons dans la partie paysage de ses portraits. On les remarquait surtout dans le vert ou le brun de ses arbres et dans ses ciels presque toujours couverts.

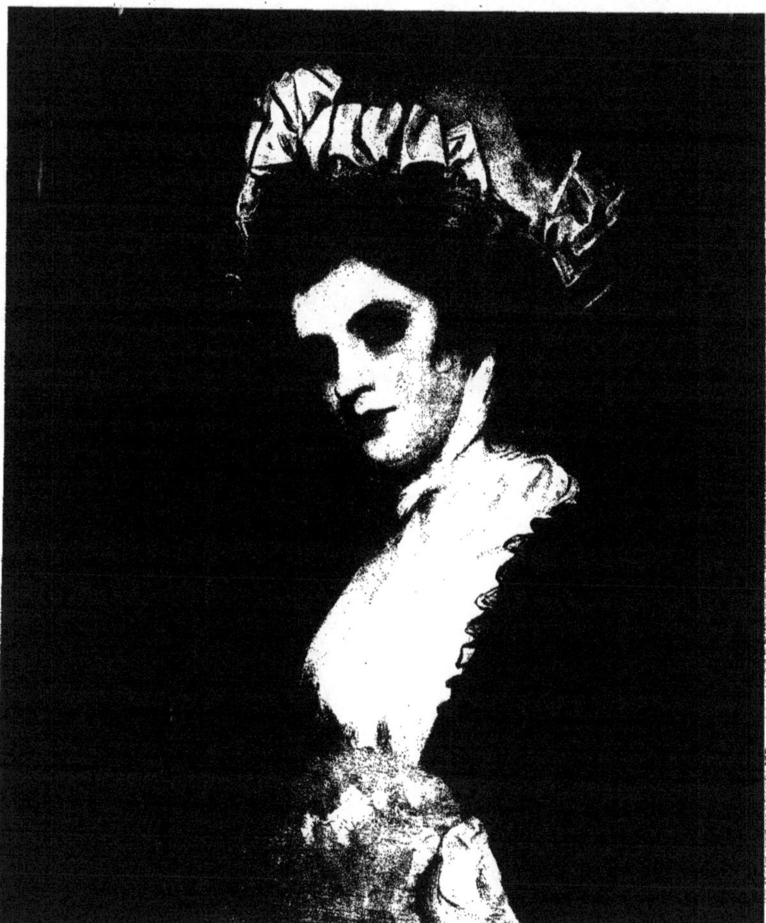

George Romney

MRS. ROBINSON (PERDITA

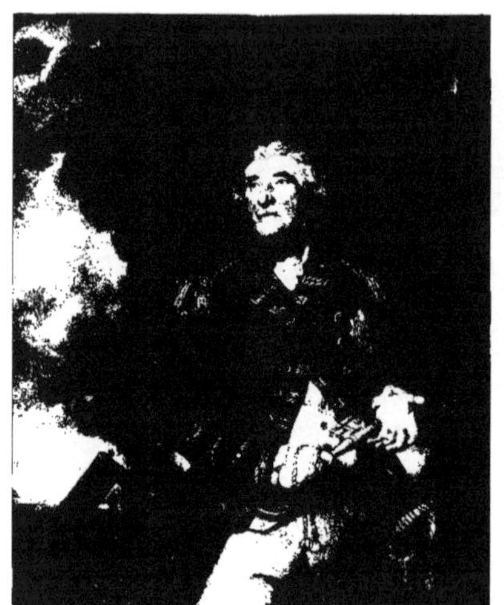

Joshua Reynolds

LORD HEATHFIELD

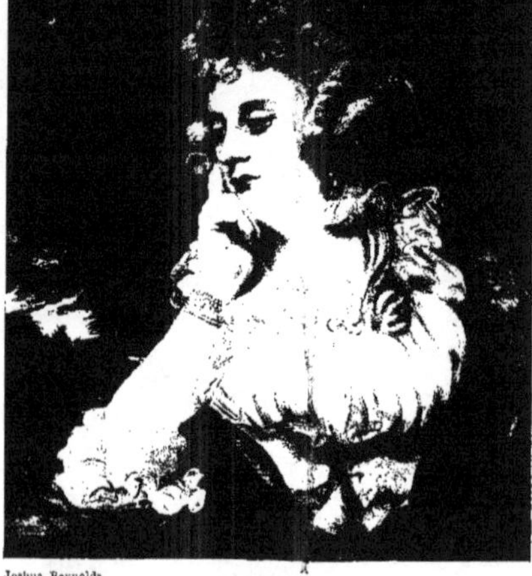

Joshua Reynolds

MRS. BRADDYL

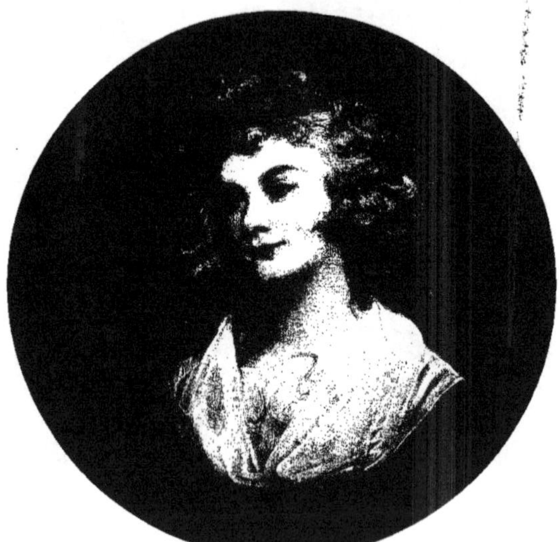

George Romney

LA FILLE DU PASTEUR DES PASTORS TOCHTER THE PARSON'S DAUGHTER

By permission of W. A. Mansell & Co., London

Mais chez lui, le paysage n'était pas comme chez les anciens un jeu de pinceau destiné à fournir un fond favorable à la figure humaine; sa conception des personnages ne faisait qu'un avec celle des paysages et de leur atmosphère; il est donc naturel que le paysage entrât en ligne de compte dans l'exécution de ses portraits.

Les portraits d'enfants de Gloppner eux aussi sont gracieux, exécutés parfois, il est vrai, avec une tendance puérile qui n'est pas sans nous agacer.

Mais avec le temps les oeuvres charmantes se font de plus en plus rares. La beauté màtérielle des couleurs diminue; les toiles foncées tournent au chocolat, les claires, à l'eau de savon. Le travail prud'hommesque tout de surface prend la place de l'ampleur artistique. La surprise est d'autant plus vive de voir apparaître de nouveau un morceau aussi ravissant que le portrait de Miss Farren, de Lawrence. L'aimable jeune fille, en costume de satin blanc légèrement flottant, plane au-dessus de la prairie émaillée de fleurs, dans un ciel printanier bleu-vert, comme dans un nuage: un gris illuminé de blanc-argent. C'est la vision d'un heureux moment dans lequel une réalité est représentée dans la splendeur d'un rêve féerique; une vision que ne peut avoir qu'un artiste qui a vécu dans l'intimité de la nature.

Constable continue Gainsborough, sans précisément se ratacher à lui. Il n'a plus besoin de faire l'habituel détour dans le domaine classique du Poussin et du Lorrain que son temps avait perdus de vue. Il débute dans le genre des Hollandais, et vrai enfant de son époque devenue plus sûre d'elle-même, il ne tarde pas à se passer d'eux également.

Sans doute, dans ses portraits qui ont été peints en quelque sorte pour voisiner avec les oeuvres hollandaises dans les collections anglaises, comme jadis les portraits de Gainsborough et de Reynolds pour voisiner avec les Van Dyck, les Rubens et les Rembrandt des mêmes salons, il se rapprochait toujours davantage du modèle, bien que la propre inspiration d'un artiste rompu aux mystères de l'air et de la lumière se fasse sentir en plus d'un endroit.

Mais le Nouveau qu'il a à nous donner apparaît sans mélange dans les études qu'il a exécutées en quantité considérable. Nous avons ici principalement deux ordres d'idées. Les paysagistes hollandais, quelque belle que soit chez eux l'expression de la nature, péchaient toujours par une sensible altération de la réalité. Avec un éminent sentiment des proportions, ils rendaient la valeur de la lumière et de la couleur, mais ils exagéraient le côté matériel du plan colorié, et pour enjoliver leur oeuvre, choisissaient un ton fondamental argent ou or qui relevait la clarté du ton réel. Constable rechercha plus de vérité. Il prit son ton fondamental gris-clair ou brunâtre et délaya les plans unis, ce qui mit en valeur le jeu de la lumière ,l'effet de l'air sur les objets, le flou des contours, la dégradation des nuances. Le premier, il osa s'attaquer au vert de la nature, à ce vert pour lequel les peintres depuis le XVIème siècle avaient un saint respect. Car ce respect remonte à loin, et pas seulement, comme on a l'habitude de le dire, aux représentants du Rococo, mais il n'est pas inutile d'ajouter que pour ceux-ci ce n'était plus du respect, c'était une terreur mortelle. Les soi-disant Réalistes hollandais l'avaient évité également. On peut affirmer que toutes les altérations de la nature ne proviennent que de là. Voulant éviter le vert, les peintres se sont vus obligés de modifier les autres tons, c'est-à-dire de chercher une gradation qui leur permît de produire l'impression du vert sans toutefois employer cette couleur. La nouvelle manière ne comportait plus ces détours. Conséquent avec sa nature, Constable peignit les sujets les plus simples; bois et champs, cours d'eau, fermes, moulins, ponts, bacs et abreuvoirs. Son but n'est pas la reproduction des choses, mais de l'atmosphère qui les enveloppe et de ses effets sur ces choses.

C'est ainsi que fut ouverte la voie à un mouvement où le rôle de l'air et de la lumière devait gagner sans cesse en importance jusqu'à ce que tout corps solide vînt se fondre en eux. Et ce mouvement s'est produit, remplissant tout un siècle de ses phases successives. Mais un des artistes qui vivaient à côté de Constable, Turner, se mit à la queue du mouvement et en choisit la fin pour son début.

Il était un monomane. Son intérêt pour le monde ne s'éveillait que quand la terre et son contenu disparaissaient dans la lutte du brouillard et du crépuscule contre la lumière du jour, ou quand toute

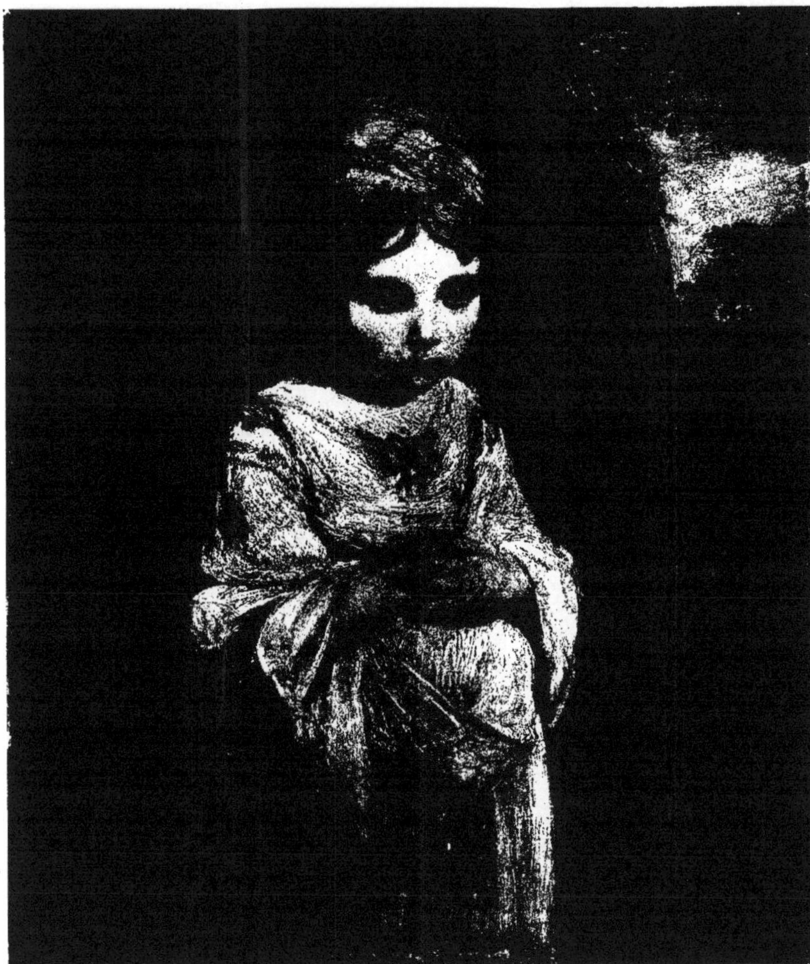

Sir Joshua Reynolds — MANSELL & Co., LONDON

MARCHANDE DE FRAISES — DAS ERDBEEREN-MÄDCHEN — THE STRAWBERRY GIRL

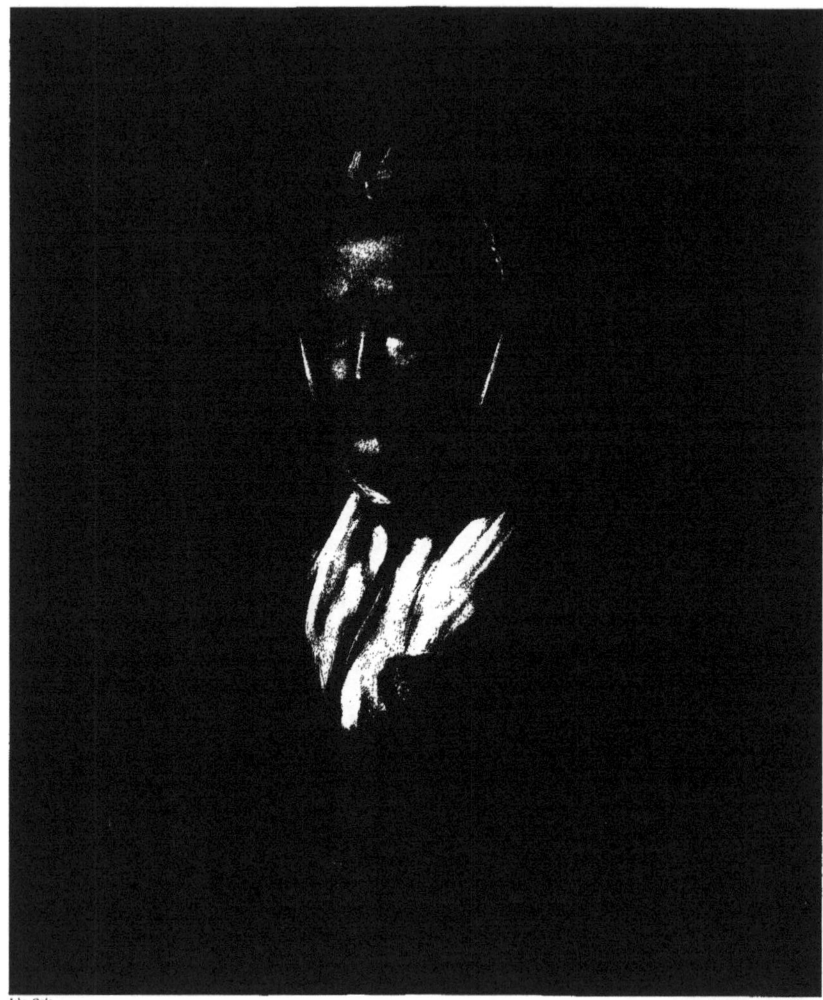

John Opie MANSELL & Co., LONDON

MARY GRANVILLE

précision de forme s'était évanouie. Et comme les spectacles de ce genre sont d'autant plus étranges, plus variés et plus fantastiques que les couleurs du ciel sont plus prononcées, et les rayons du soleil plus éclatants, il se sentit attiré vers le sud. Il les rechercha soigneusement à travers tous les pays et les trouva tantôt à Londres, tantôt à Venise. C'est lui peut-être qui s'est le plus approché de ce que Whistler a appelé la „pure peinture", car personne n'a su comme lui atteindre les jeux de lumière avec moins de matière.

Nous avons fait toucher du doigt dans notre introduction le contraste qui existe entre l'art anglais et le Rococo qui le précède. En maint endroit de ce travail nous avons fait allusion à toutes les innovations des maîtres anglais dont on retrouve la trace jusque de nos jours dans l'art de leurs successeurs. Pour bien établir leur importance historique, il ne reste qu'à rechercher si leurs contemporains ou leurs successeurs du Continent leur ont emprunté ces innovations, ou bien s'ils les ont trouvées par leurs propres moyens. Il n'y a pas bien longtemps que nous sommes en mesure de donner à cette question une réponse satisfaisante. La réponse, en ce qui concerne les Allemands, est peut-être la plus facile, parceque de tout temps nous nous sommes occupés chez nous de l'art étranger, plus que ne le fit toute autre nation. Or, depuis le milieu du XIXème siècle nous avions recu l'inspiration décisive de la France, et pendant ce long espace de temps nous nous contentions de suivre les fils qui ramenaient en arrière de l'art moderne, pour retourner aux maîtres de Barbizon ou tout au plus à Delacroix et à Géricault. Mais la situation changea du tout au tout quand, devenus capables grâce à l'art contemporain de nous approprier certaines qualités, nous découvrîmes la peinture allemande réaliste de la première moitié du XIXème siècle qui à côté de la peinture monumentale et historique avait été dédaigneusement taxée de peinture d'essai, et n'avait pas tardé à tomber dans l'oubli. Ses débuts ramenaient au XVIIIème siècle. Mais quand on se mit à rechercher ses origines, de tous les foyers d'art où se portaient les investigations on se trouva rejeté sur le Nord, sur Hambourg, sur le Danemark et à travers tous ces paysages le long de la côte, sur l'Angleterre. Enfin, rendus attentifs par cette expérience, nous avons découvert que nos inspirateurs français eux-mêmes n'avaient pas échappé à l'influence anglaise, et que sans le précurseur Constable, on ne pourrait s'imaginer les artistes de Fontainebleau, non pas même Delacroix et Géricault, sans parler des peintres du temps de la Révolution.

Du reste, il n'y a rien d'étonnant à cela. Ne savons-nous pas qu'à partir du XVIIIème siècle l'Angleterre a été la grande inspiratrice dans tous les autres domaines de la civilisation? La conscience de sa liberté qui anime le citoyen anglais a joué un grand rôle en politique et fait du régime constitutionnel l'idéal de l'Europe. Ses moeurs dominées par le sentiment de la famille et de la nature ont influencé les idées de Rousseau. Sa manière de se vêtir fut adoptée universellement par la nouvelle société. Ses parcs naturels, avec temples, ruines et chaumières remplacèrent les jardins trop bien alignés. Un enthousiasme ossianique pour la nature féconde, la littérature allemande, Shakespeare et le drame bourgeois aidèrent à la libération de notre scène; le roman anglais devint le prototype de l'épopée. Et les mêmes effets se continuèrent dans le romantisme français.

Mais ce qui se révèle en toutes ces choses, c'est l'esprit germanique préservé dans toute sa pureté. Il a produit ses effets d'abord dans les Pays-Bas et en Allemangne, puis, quand la guerre terrible eut anéanti la culture allemande, il a trouvé au XVIIème siècle un refuge en Hollande; et lorsque le flot du romantisme se fut répandu aussi sur la Hollande, l'Angleterre lui donna asile. Et quand l'Humanité eut de nouveau besoin de lui, c'est de là qu'il a repris sa marche triomphale à travers le monde.

FRIEDRICH STAHL.

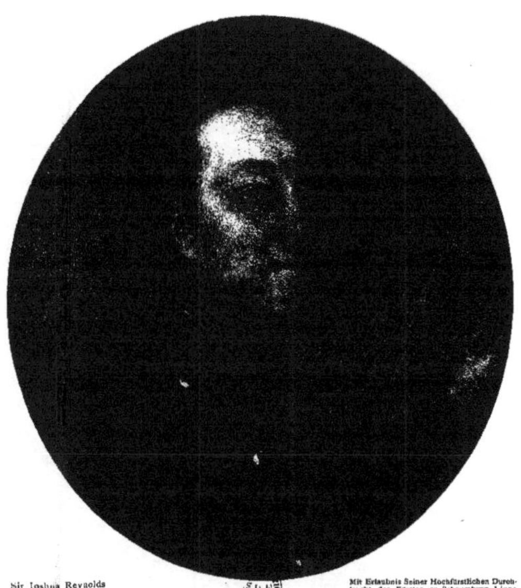

Sir Joshua Reynolds

Mit Erlaubnis Seiner Hochfürstlichen Durchlaucht des Fürsten zu Schaumburg-Lippe

WILHELM, GRAF ZU SCHAUMBURG-LIPPE

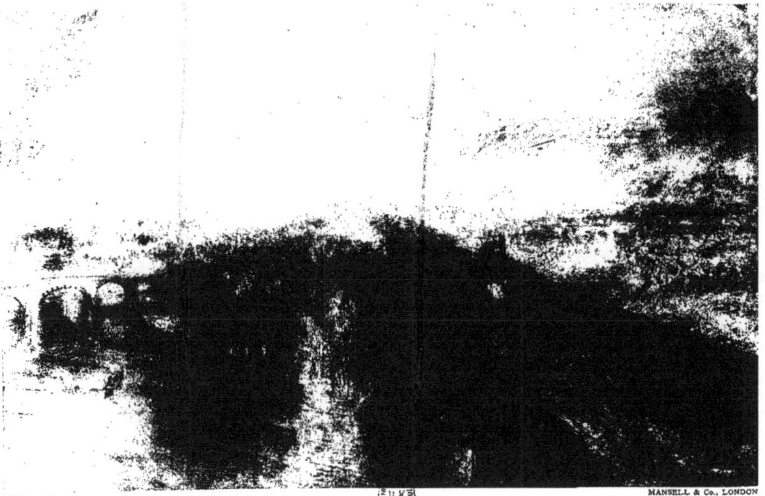

William Turner

MANSELL & Co., LONDON

PLUIE, VAPEUR ET VITESSE, CHEMINS DE FER DU GREAT WESTERN . . . . . .

REGEN, DAMPF UND SCHNELLIGKEIT, GREAT-WESTERN EISENBAHN

RAIN, STEAM AND SPEED, THE GREAT WESTERN RAILWAY

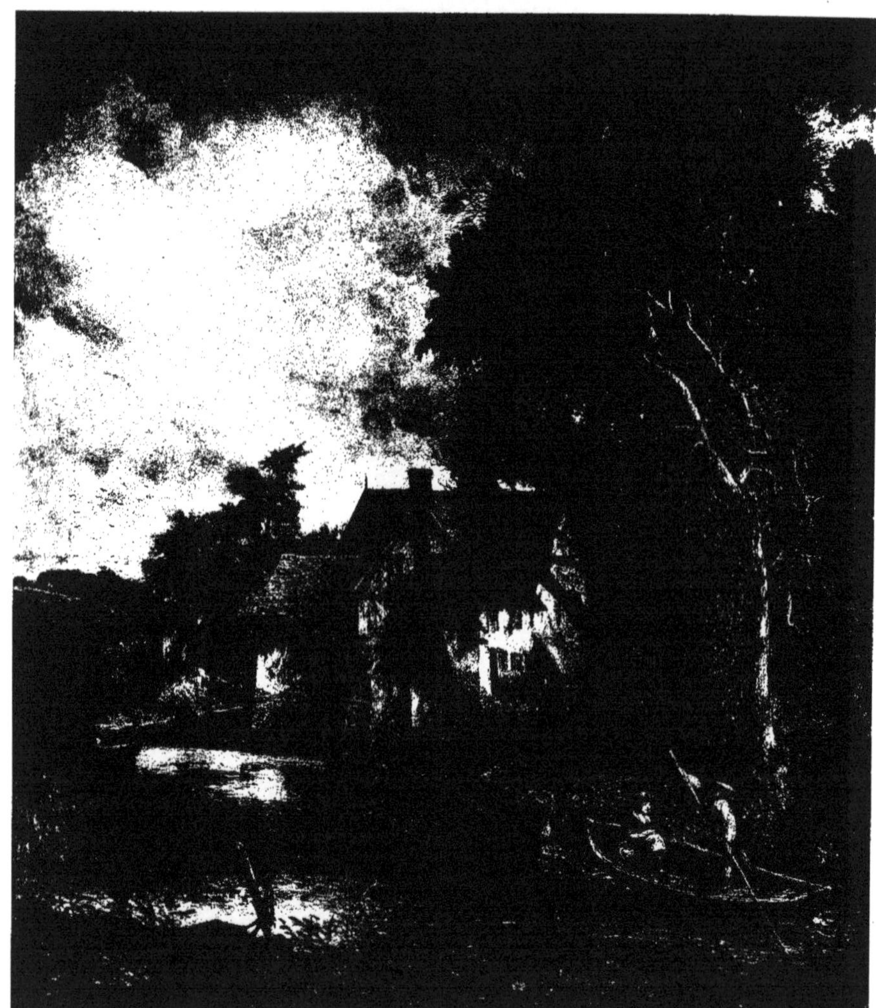

John Constable

MANSELL & Co., LONDON

LA FERME DE LA VALLÉE

DAS GEHÖFT IM TAL

THE VALLEY FARM

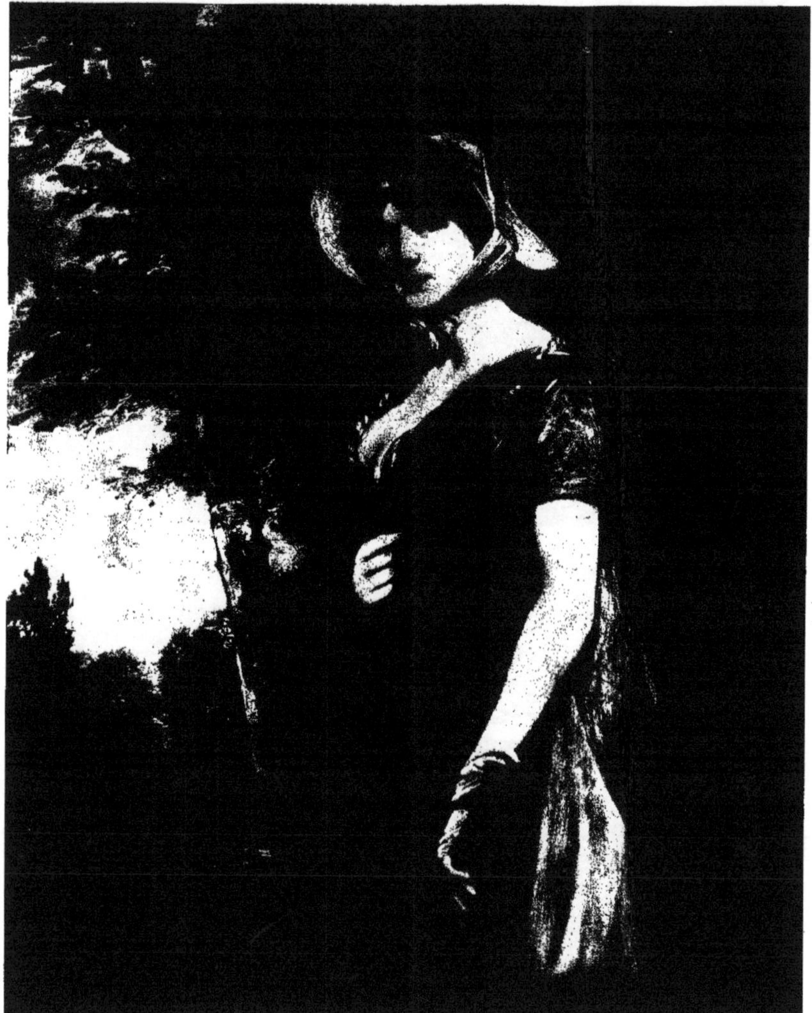

John Hoppner — MANSELL & Co., LONDON

LADY LOUISA MANNERS

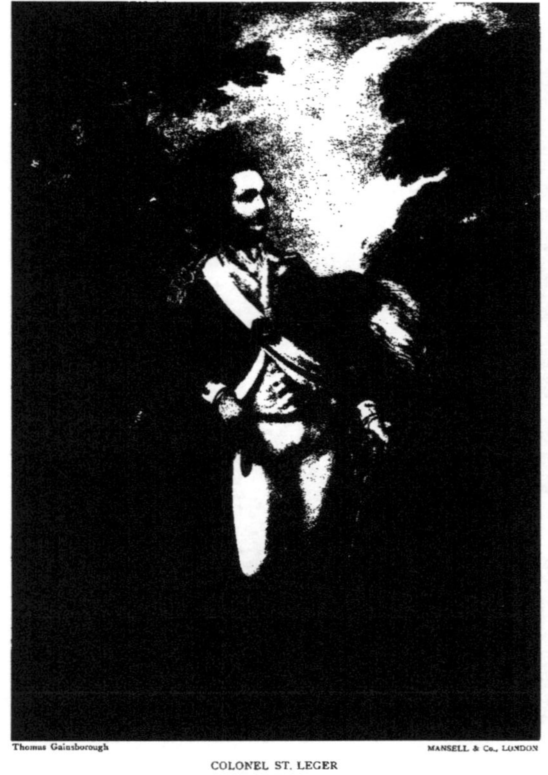
Thomas Gainsborough MANSELL & Co., LONDON

COLONEL ST. LEGER

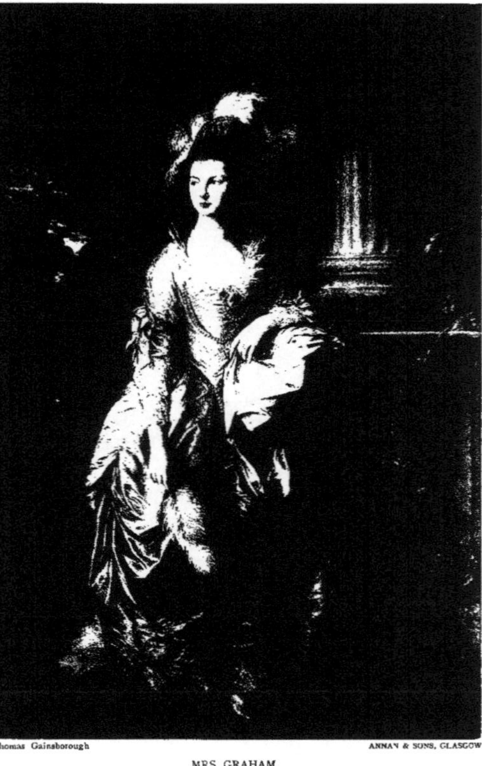
Thomas Gainsborough ANNAN & SONS, GLASGOW

MRS. GRAHAM

Notices Biographiques.

Thomas Gainsborough naquit en 1727 à Sudbury en Suffolk. De bonne heure il se fit remarquer par son talent et sa passion pour le dessin, et à l'âge de quinze ans on l'envoya à Londres, où il apprit un peu de gravure du gracieux Français Gravelot et les éléments de la peinture du rude Anglais Haymain. Un atelier qu'il fonda n'eut pas de succès et au bout de trois ans à peine il retourna dans son pays à l'étude intime duquel il donna tout son temps. Son mariage avec une jeune fille de quelque fortune lui permit de se consacrer au paysage, sa passion, dans son propre pays, ainsi qu'à Ipswich où il établit bientôt après son domicile. Quelques commandes qui lui tombèrent l'amenèrent peu à peu au portrait, et un de ses protecteurs le décida vers 1760 à quitter sa morne petite ville de province pour l'élégante ville d'eaux de Bath. C'est là qu'il fut mis en contact avec la société aristocratique dont il devait devenir le peintre. Bien préparé par des années de tranquille travail à Ipswich, c'est évidement dans les châteaux de ses riches clients qu'il s'imprégna des oeuvres des Anciens, surtout de Van Dyck, grâce auxquelles il put perfectionner son art et lui donner son cachet. Son succès artistique et matériel fut rapide et le mit à même de mener la vie large et facile au milieu d'acteurs et de musicens dont il s'entourait de préférence. En 1768, lors de la fondation de l'Académie Royale sous la direction de Reynolds, Gainsborough fut admis au nombre de ses membres. En 1774 il alla habiter Londres où il passa dans le luxe les dernières quatorze années de sa vie, jouissant au même degré que Reynolds de la considération universelle. Il mourut le 2 août 1788.

Joshua Reynolds naquit le 16 juillet 1723 à Plympton-Earl, Devonshire. Son penchant précoce pour l'art se fit connaître par sa passion pour les ouvrages traitant de la perspective et de la peinture. Il ne s'arrêta pas aux détails du métier, mais à l'âge de dix-neuf ans, bien préparé pour l'étude scientifique, il entra en apprentissage chez le portraitiste Hudson pour aborder tout de suite le grand art. Au lieu de rester quatre ans à Londres, comme il avait été convenu, il n'y demeura que deux ans, et possédant dès lors le métier, il retourna dans son pays, pour s'y livrer avec ardeur à la peinture de portraits. Mais fatalement, dans les années qui suivirent il tomba dans une manière superficielle, toute provinciale qui n'est que du pur métier. Heureusement que l'influence de Rembrandt, qu'il subit par l'intermédaire du peintre Gandy, vint le sauver et lui permit de se placer à un niveau plus élevé; heureusement aussi que le destin lui facilita la sortie de son milieu. Un officier distingué l'emmena en Afrique, et au retour, en 1749, l'artiste arriva à Rome. L'aspect des oeuvres des anciens maîtres lui ouvrit de nouveaux horizons et donna un tout autre cours à son énergie sommeillante. Son séjour à Rome dura trois ans; il s'y livra à l'étude subtile du coloris et de la manière des grands maîtres et sut se les approprier grâce à la mise en pratique de ses propres moyens dans l'exécution des portraits de ses contemporains de distinction. A son retour en Angleterre, à l'âge de 29 ans, il était un maître et le succès ne se fit pas attendre. Après sept années à peine d'un travail acharné, notre célibataire put se monter et s'installer princièrement. La société, la grande vie étaient chez lui un besoin qui le préserva de la mélancolie, mal habituel des sourds. En 1768 il fut nommé Président de l'Académie Royale nouvellement fondée et anobli l'année suivante. Il mourut le 23 février 1792, inébranlable jusqu'au dernier jour dans sa position. Ses funérailles furent un événement national.

George Romney est né le 15 décembre 1734 dans le Lancashire et décéda le 15 novembre 1802 à Kendal. Après une jeunesse des plus pénibles, il parvint à conquérir Londres à l'âge de trente ans, presque du jour au lendemain. Arrivé de province, sans relations, on le vit tout-à-coup s'ériger en digne rival de Reynolds et de Gainsborough. Dans la suite ce fut Lady Hamilton le modèle dont il s'enthousiasma de plus en plus pour créer sans cesse de nouveaux portraits et de nouvelles allégories. Sa réputation s'étendit sur un espace de trente ans. Puis, abattu par la maladie, il retourna dans son pays, vers sa femme jadis abandonnée; mais frappé de folie, il mourut das sa soixante huitième année.

John Hoppner né le 4 avril 1758 à Londres, Whitechapel, mort le 23 janvier 1810 dans la même ville, fut l'élève de l'Académie Royale de Londres et l'un des continuateurs de Reynolds.

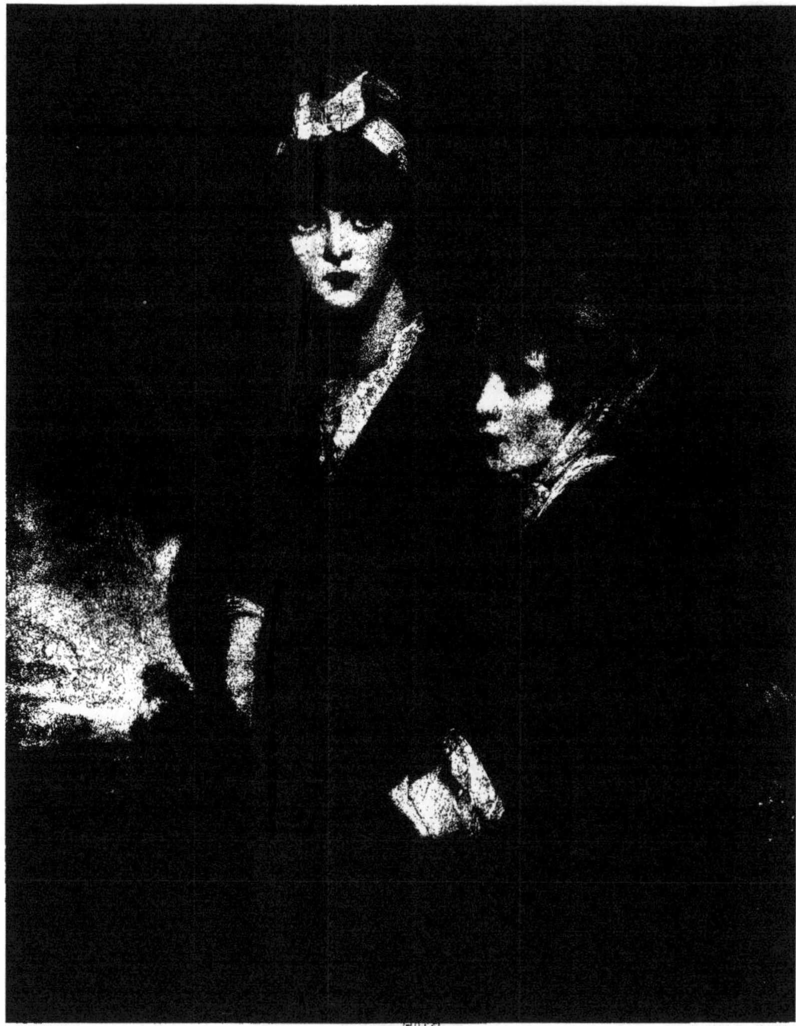

William Owen

BRAUN & Co., DORNACH

PORTRAIT DE LA FEMME ET DE LA SŒUR DE L'ARTISTE . . . . .

PORTRÄT DER GEMAHLIN UND DER SCHWESTER DES KÜNSTLERS

PORTRAIT OF THE WIFE AND SISTER OF THE ARTIST . . . .

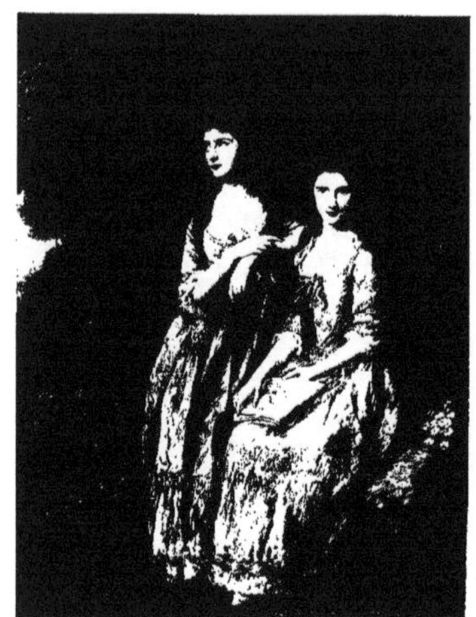

Thomas Gainsborough MANSELL & Co., LONDON

MRS. SHERIDAN AND MRS. TICKELL

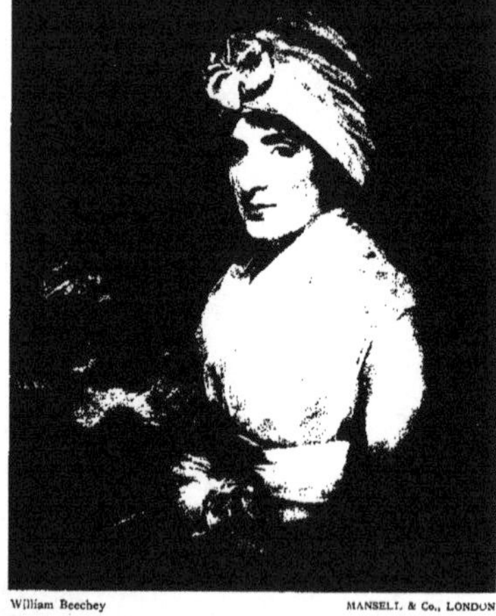

William Beechey MANSELL & Co., LONDON

MRS. SIDDONS

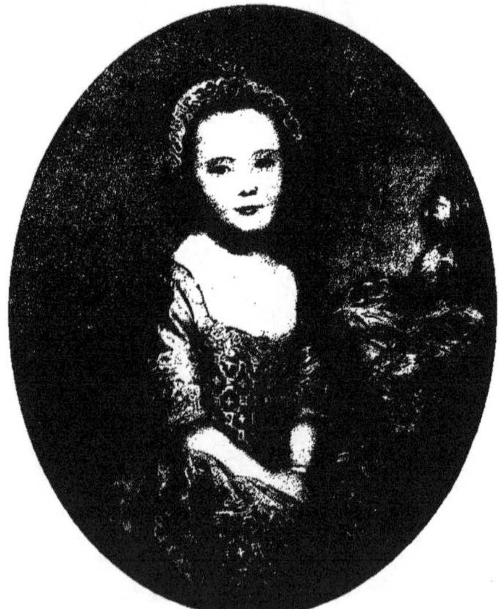

Sir Joshua Reynolds

ENFANT À LA POUPÉE KIND MIT DER PUPPE CHILD WITH THE DOLL

Henri Raeburn naquit le 4 mars 1756 à Stockbidge près d'Edimbourg, en Ecosse. Comme artiste, il débuta dans l'orfévrerie, s'adonna ensuite à la miniature alors en vogue, et ce ne fut que plus tard qu'il se tourna vers le portrait à l'huile de grand format. Assuré du bien-être matériel grâce à un mariage, il chercha à l'âge de 22 ans à élargir l'étendue de ses connaissances, à Londres d'abord, puis, sur l'avis de Reynolds, en Italie. Après deux années de séjour en ce pays, il regagna l'Ecosse et y perfectionna son talent sous l'infuence de l'atmosphère natale. Il était sans contredit le premier peintre d'Edimbourg et fut comblé d'honneurs. En 1822, comme tous ses rivaux anglais, il reçut ses lettres de noblesse. Sa mort arriva le 8 juillet 1823.

Thomas Lawrence naquit le 4 mai 1769 à Bristol. D'origine assez obscure, il conquit rapidement la renommée et put à 22 ans remplacer Reynolds dans ses fonctions de peintre de la Cour. Anobli et placé à la tête de l'Académie, il mourut le 7 janvier 1830.

John Constable est né le II juin 1776 à East Bergholt, Suffolk. Ce n'est qu'à vingt-trois ans qu'il arracha à sa famille la permission de s'adonner à l'art et qu'il put aller à Londres suivre les leçons de l'Académie. Son oeuvre principal date de 1820, époque à laquelle il s'établit à Hampstead pour se mettre en contact avec la nature, au milieu de ce paysage anglais dont il est devenu le peintre par excellence. Il mourut le 30 mars 1837.

William Turner naquit à Londres le 23 avril 1775 d'un père perruquier. Elevé dans l'étude de la peinture architecturale et de la topographie, il découvrit au cours de ses voyages professionels, la vie de l'atmosphère, qui s'empara de lui complètement et devint l'unique objet de son art. Après de longs voyages sur le continent, il se réfugia dans la solitude à Londres, pour se livrer entièrement au travail. Il connut tous les honneurs, et légua cent tableaux ainsi que dix-neuf mille aquarelles à la National Gallery pour s'assurer le seul auquel il tînt, celui de voir ses oeuvres prendre place à côté de celles du Lorrain. Il mourut le 19 décembre 1851.

INDEX DES TABLEAUX

www.ingramcontent.com/pod-product-compliance
Ingram Content Group UK Ltd.
Pitfield, Milton Keynes, MK11 3LW, UK
UKHW020953180726
13838UKWH00003B/1304